Artist Thinking

Sensuality×Intuition×Empathy×Sensuality

直感・共感・官能の
アーティスト思考

松永エリック・匡史

学校法人 先端教育機構
事業構想大学院大学

PROLOGUE

「理論を知っていれば、イノベーティブな 音楽を創れるのでしょうか？」

　一見するとビジネスとは程遠いこの問いかけが、アーティストの思考に近づき、ビジネスにおいてイノベーションを 生み出す鍵になります。

　音楽創作において理論は重要な要素のひとつですが、それだけではイノベーティブな 音楽を創れるわけではありません。理論は楽曲の構造や和声（コード）に関する知識の体系であり、作曲・編曲・演奏において方向性を定める音楽の基礎といえます。しかし、イノベーティブな音楽を創るためには、創造的な要素や感性も同様に重要になってきます。

　また、アーティスト独自の表現や情熱も重要です。音楽は感情やストーリーの表現であり、単なる理論的な演習ではその本質を捉えることはできません。
　自分自身の経験や独自の視点を反映させる必要もあります。理論は芸術の土台であり、アーティストの創造性と感性はその土台の上に築かれる建物です。理論と創造性と感性をバランスよく、最大限に活かした結果として、素晴らしいアートが生まれるのです。

「理論を知っていれば、イノベーティブなビジネスが 創れるのでしょうか？」
　この問いかけの答えを、本書を通じ音楽を通して導き出してほしいと思っています。イノベーションを 生み出す魔法の理論というものは存在しないことを体感して下さい。イノベーションの源泉は、アー

ティスト独自の表現や情熱です。つまり、ビジネスにおけるイノベーションは、理論にプラスして、あなた独自の表現や情熱が必要なのです。

日本のこれまでとこれから

　現在ほど一寸先すら読めない時代はありません。

　世界の情勢は不安定さを増し、環境破壊による気候変動はもう戻れなくなる転換点を意味するティッピング・ポイントを迎えるといわれています。技術革新は目覚ましく、生成系AIの登場そして進化は多くの人に驚きをもたらしました。

　ビジネスにおいては日々新しいサービスが生まれ、大企業を脅かすようなベンチャー企業が登場することも珍しくない時代になりました。もはや過去の成功体験や功績だけの大企業は競争力を失い、ほとんど意味をなさなくなりました。

　国内に目を向けてみるとその傾向は特に顕著です。テクノロジーが発達しさまざまな働き方が可能になったにもかかわらず、働き方改革は一向に進んでいません。メディアや企業はダイバーシティと繰り返し言っているにもかかわらず、女性管理職はほとんど増えることはなく、男女の賃金格差はなかなか縮まりません。

　これは世界の中でも特殊な状況で、日本だけが取り残されているともいえます。かつてアジアNo.1の経済大国であった過信が、外界からの深刻な孤立を生み出しています。なぜ日本は今のような状況に陥ってしまったのでしょうか。

日本の「ものづくり大国」としての盛衰とその原因は数多くありますが、特に2003年のソニーショックの影響は未だに大きいと思います。

　"It's a Sony"という有名なキャッチコピーを捨て"Digital Dream Kids"というスローガンを打ち立てた第6代ソニー（現ソニーグループ）代表取締役社長であり、のちに会長兼CEOを務めた出井伸之氏（1937〜2022年）。私が尊敬するビジネスパーソンのひとりです。
　出井氏はモノづくりからコンテンツづくりへの変革や、事業セクター横断型の新組織NACS（Network Application and Content Service Sector）の立ち上げを行うなど、その発想と功績は世界でも注目され1997年にはビジネスウィーク誌で"世界のトップビジネスマン"に選定されるほどでした。しかし2003年のソニー株暴落は日本全体の株価にも影響し、それが出井氏へのバッシングにつながり残念ながら退陣に追い込まれてしまいます。

　この一連の出来事から日本には「変革はリスク」という空気が漂い出し、企業は牙を抜かれたように鳴りを潜め、チャレンジという言葉は虚しく響くようになりました。結果、技術や品質に偏重した日本の製品は、ユーザーが求めるものから乖離するように新しいものが生まれにくくなり、現在の経済の冷え込みにつながっていきます。この国に必要なのは「今のままでは生き残れない」という危機感と冷静な現状分析、しかし同時に日本はたくさんのイノベーションを生み出してきたという自信、そして変革の先に待っている明るい未来を信じる力です。

ロジック＆チャレンジ

　日本では、変革やチャレンジを避ける雰囲気が蔓延していますが、一方で闇雲にチャレンジすればいいのかといえばそうでもありません。そもそもロジックやルールを無視したり、知ろうともせず行動したりすることはチャレンジとはいわず、単に無謀なだけです。過去に敬意を持ち、知ろうとする姿勢がまず大切で、さらに規律やルールを学び、自分で変化が必要だと感じたらそれらを壊して新しいものを生み出す、この一連のアクションをチャレンジと呼ぶのです。過去を知らずに新しいことは始められないといっても過言ではありません。

　ビジネスでも同じことが言えます。ビジネスの世界における過去とは経営学であり、さらに企業経営を科学的アプローチで実践的に近代化したMBAを指します。MBAはMaster of Business Administrationの頭文字を取った言葉で、日本語では経営管理学修士と訳されます。数多くの大企業の事例を基に経営や組織、企業戦略などを体系化し、カリキュラムを修めた人に与えられる学位です。ビジネスの基本ともいえます。

　MBAはアメリカの大手企業トップ100社のCEOの約4割が取得していると言われ、トップビジネスエリートになるためには必須と思われがちです。しかし、MBAを取得すればビジネスで成功できるかといえばそれもまた違います。伝統的なMBAは状況分析と経営判断能力を訓練するための直線的で連続性を重んじるアプローチ、つまり手段ですが、現在はこれまでにないほど非連続の時代です。もはや直線的なMBAだけでは通用しない世の中といえます。

　これからはMBAに加えて、自分の欲求に従い、活用するための自分オリジナルの思考法を身に付けていかなければなりません。その際にヒントとなるのが**教養と感性**です。

本書の意図　「直感・共感・官能」というエッセンス

　最初にはっきりと申し上げたいのは、本書は「私が提唱する体系立てた思考法を身に付けてください」という意図で書いているものではありません。

　そもそも思考法とは、学びに加え試行錯誤を繰り返す実践から得られる自分独自のものであり、本からノウハウのエッセンスを得て身に付けられるようなものではありません。本書で伝えたいのは「自分だけのビジネス思考法を、自ら見つけることの大切さ」です。そして「見つけた思考法を、身に付けるための手がかり」を書きました。

　先述のとおり、これからのビジネスに必要なものは教養と感性の2つです。私はこの要素をビジネスに取り入れ、日々実践してきました。私が行ってきたその一連の思考プロセスを**アーティスト思考**と名付けました。これは自らの経験から見つけ出したビジネス思考法です。それを皆さんにご紹介します。

　「アーティスト思考」とは、私のプロミュージシャン時代のアーティストとしての経験をベースに、過去の偉大なミュージシャンを中心とした芸術家たちの活動や発想、作品を芸術（主に音楽）の歴史と照らし合わせて学び、ビジネスアイデアに活かす思考のプロセスもしくは技術を指します。近年話題の「アート思考」と語感は似ていますが、意味合いは全くの別物です。私がこの思考にたどり着き、意識するようになったのは、プロのミュージシャンとしての感覚的な経験とビジネスコンサルタント時代のギャップに気付いた頃にさかのぼります。

私は現在こそ教育者という立場にいますが、元々はビジネスコンサルタントです。しかも、プロのミュージシャン経験を持つ異色のビジネスコンサルタントでした。幼少の頃から音楽に親しみ15歳でプロのギタリストとしてデビュー、高校卒業後は「音学」の専門教育を国内外で受けました。そんなアーティスト一筋のキャリアに転機が訪れ、MBAを学んだ後、ビジネスコンサルタントに転職しました。そこでさまざまなクライアントのプロジェクトに携わり、直接クライアントと接点を持たせてもらう中で、いわゆるコンサルタントの王道の手法に違和感を覚えるようになりました。きっかけは、某大手通信会社の音楽配信サービスに関するプロジェクトでマネージャーとしてプロジェクトをリードしている時のことでした。

　当時、MBAの方法論をベースにしたコンサル会社独自の方法論を使い、さまざまな情報や事例を集めて分析していました。しかし、音楽市場を小さな箱の中でしか捉えられず、その枠の中で市場や競争優位性を分析してしまい、小さな範囲の中でスケールの小さい戦略しか考えられないようになっていました。クライアントが求める未来の音楽はどういうものなのか、ユーザーはどう変化するのかということは、過去の事例や連続性、論理性を重視した考え方ではいくら分析しても何も生み出すことができず葛藤していたのです。

　そのような切羽詰まった状況で、正直苦し紛れにMBA手法から導き出される解を一度白紙に戻してみようと試みました。感覚をミュージシャンのころに戻し、音楽を創り出す感覚でプロジェクトに向き合った時に、非連続的で魅力的なアイデアを創造することができたという成功体験があります。

　それからMBA的なアプローチに頼ることなく自由に発想することに自信が持てるようになり、またクライアントも私に対しては他のコンサルタントにはない発想を期待してくれるようになりました。

思えばこれはアーティストとして 既成概念に縛られない自由な発想法だったのです。以降、私のコンサルティングはこのミュージシャン時代を思い出させるような異質な発想法のスタイルに 重点を置くようになりました。そこで大切にしたことは"直感・共感・官能"の３つのキーワードです。

・自分の感覚を信じ、物事の価値を瞬時に捉える"直感"
・第三者の感情に寄り添い価値を感じる"共感"
・感覚器官を最大限、敏感にすることで得られる"官能"

　従来のビジネスでは重視されなかったこれらの感性こそが、新しい価値創造の原点となる。これが実践から得られた私自身の答えでした。そして、今まさに感性が求められる時代が訪れています。

本書の構成

　2021年より特任教授に就任している社会人向け専門職大学院の事業構想大学院大学でアーティスト思考をベースにした「クリエイティブ発想法」という講義を持つようになりました。その中で学生と共に卒業要件である新規事業構想計画の策定と並走しながら体系化されていったのがアーティスト思考です。2024年には「アーティスト思考と構想」という授業に進化しています。本書では実際に授業で行っている内容をまとめています。

　第1章では前提知識としてコンサルティング 業界を震撼させたデザイン思考と、近年ささやかれるアート思考を取り上げます。アーティスト思考と併せて定義を整理し、それらの違いを解説しています。

　第2章では常識を覆す若き起業家たちを例にして 「これからの時代

にMBAでは何が足りなくなるのか」について深掘りしていきます。

　第3章と**第4章**では音楽が誕生してからどのような発展を遂げてきたのかについて、理由と背景、ハードウェア、そこに息づくアーティストたちの苦悩といった側面から切り込んでいきます。歴史は教養であり、アーティスト思考の礎です。

　第5章と**第6章**、**第7章**では私が影響を受け、愛したアーティストたちの人生を辿りながらその才能と発想について述べていきます。具体的にビジネスに活かせるヒントも満載ですが、天才たちが持つダイナミズムを感じられるはずです。

　締めくくりとなる**第8章**では、これからの時代に起こるであろう変化の中で、特に注目すべきビジネスモデルと、持つべきマインドセットについて解説します。

　音楽の発展の変遷を、さまざまな側面から筋道立てて理解できるように、音楽の歴史については「音楽の進化論」という副題を、産業・ビジネス面から音楽を解説するパートは「音楽と産業」という副題をつけています。また巻末には本書で取り上げたミュージシャンたちの作品をリスト化して掲載しています。理解を後押ししてくれるようにという意図で入れていますが、素敵な作品ばかりです。好みもあると思いますが、人生を変える曲が見つかるかもしれません。ぜひ本書の内容と併せて聴いてみてください。

　アーティスト思考はMBAやデザイン思考を否定するものではなく、それらを踏まえてこれからの未来を歩むための思考法です。数々の天才アーティストたちがどれほど革新的な作品を生んできたのか、その思考をどのようにビジネスの発想に繋げるのかというインスピレーションを掴んでいただければ幸いです。そしてきっと自分だけのビジネス思考法に出会えることを切に願っています。

CONTENTS

心地よさを支配する数学的根拠

第4章 偉人に学ぶ、概念の壊し方

第 **3** 部　ジャズとミニマルミュージックに見る
革新的思考

第 **5** 章　**ジャズと暗黙知**

第 **1** 部

なぜ
「アーティスト思考」が
必要なのか

第 1 章

「アート思考」と
「アーティスト思考」は
似て非なるもの

インターネットが普及し、音楽が水や電気の
ようになる日がくる。

*Music itself going to become like
running water or electricity.*

David Bowie　デヴィッド・ボウイ
"The New York Times" on June 9, 2002

1

アートとはなにか？

未来を見ていたロックスター

　世界的なアーティスト、デヴィッド・ボウイ（1947〜2016年）。1970年代から80年代にかけて世界中を席巻したロックスターです。中性的な容姿にアヴァンギャルドな音楽、次々と仕掛ける先鋭的なアクションに世界が熱狂しました。彼は自らをメディアと称し、自身の死すらも作品のひとつとして扱いました。ボウイが音楽やファッション、ポップカルチャーに与えた影響は計り知れません。

　そんな彼が音楽について予言した衝撃的な発言があります。それは「Music itself is going to become like running water or electricity.（インターネットが普及し、音楽が水や電気のようになる日がくる。）」です。今となっては当たり前のこととして捉えることができますが、驚くべきことにこれは2002年の発言です。当時の音楽シーンがどのようなものだったかを振り返れば、この発言の異質さが見えてきます。

　2000年代初頭といえばインターネットの普及が進み始めていた頃。あらゆるものがデータでやりとりできるようになり、ご多分に漏れず音楽もデータ化され、コピーとシェアをすることができるようになった時期です。

　レコード会社はこのコピー文化に困り果ててしまいました。違法アップロードにダウンロード、コピーコントロールCD（CCCD）の登場と撤退など、音楽業界が新しいテクノロジーに飲み込まれ混乱していた時期でした。Apple MusicやSpotifyのようなストリーミングサービスが登場するのはまだ少し先の話です。

　そんな時期に「音楽が水や電気のようになる」と発言することの異常さたるや、衝撃的です。なぜボウイはこんな発言ができたのか？彼が何を考えていたのか、もはや知る手立てはありません。

　ただひとつ言えるのは、彼が天才的な発想をするアーティストであったということです。

　例えば彼の5thアルバム『**ジギー・スターダスト**』（原題：The Rise and Fall of Ziggy Stardust and the Spiders from Mars）では架空の宇宙ロックスターを通してアートと音楽を融合させ、特定のテーマや物語に沿って楽曲が構成されるコンセプトアルバムの先駆けとなりました。

　また、ボウイは視覚芸術と音楽を融合させたパフォーマンスや個性的で実験的なステージ衣装でもイノベーションを起こし、音楽家の範疇を超えてアート全体に大きな影響を与えました。数多くのアーティストにインスピレーションを与え、芸術と文化の両方において新たな可能性を提示したといえます。常識を超えた自由な発想をするボウイの思考は、今のビジネスにもっとも求められているスキルなのではないでしょうか。

デヴィッド・ボウイ
Photo by Getty Images

アートとデザインは違う

近年、ビジネスの文脈でアートという言葉が使われるようになりました。その少し前には「デザイン思考」が流行っていました。アートという言葉が独り歩きする中、ビジネスの現場において、アートとデザインが混同されるケースがほとんどです。

「要するに、アートもデザインもクリエイティブな思考のことでしょ？」という認識なのですが、実はこれは大きな誤解といえます。付け加えれば、本書で私が述べる「アーティスト思考」と「アート思考」も全くの別物です。

まずは順番にそれぞれの定義をはっきりとさせることから始めていきましょう。

実のところアートもデザインも、それぞれを構成する要素は①表現者と②表現物、そして③鑑賞者であり、基本的には同じです。では、どの点で異なるのでしょうか。実例を挙げて解説していきます。

戦前から戦後にかけて活躍した画家、レオナール・フジタ（1886〜1968年）。彼は日本で生まれてからフランス国籍を取得し、パリを中心に活動しました。日本名を藤田嗣治といいます。フジタはパリのモンマルトルやモンパルナスに集まり、ボヘミアン的な生活をしていた自由な画風の画家たちの一派、エコール・ド・パリのひとりとして有名で、アートにもデザインにも長けた珍しい画家です。

誰も見たことのない「乳白色」

　フジタは日本画の技法を取り入れた油彩画の数々を残しましたが、そのどれもが高い評価を博しました。彼の作品の最大の特徴ともいえるのが「乳白色の肌」に代表される独自の白色です。フジタは代表作『寝室の裸婦キキ』をはじめ、女性を作品のモチーフにすることが多く、独自の乳白色で描かれた肌は奇跡とも評され、鑑賞者を魅了します。私自身も彼の作品を観た時に、あまりの美しさにその場を離れることができなかったほどです。ただの白ではなく、全く別次元の質感が圧倒的な表現を体現しており、尋常ではない何かを感じました。

　フジタはあらゆる素材を混ぜて、試行錯誤を重ねてその乳白色にたどり着いたといいます。ただ油絵具を混ぜて作ったのではなく、ベビーパウダー、硫酸バリウムを下地に、炭酸カルシウムと鉛白を1：3の割合で混ぜるといった、通常では考えられない工程で「奇跡の乳白色」を創り出しました。その執念たるや、もはや異常。ビジネスの視点で捉えれば、非生産的な活動であるといわざるをえません。

　彼はなぜそこまで白にこだわったのでしょうか。油絵具の常識を超え、取り憑かれたように納得のいく白色を求める執着。しかも彼はそれを誰にも言わず、秘密にしてきました。解明されたのは化学的な分析によって成分を解析できるようになった2000年代に入ってからのことです。そのこだわりは、彼自身の美学や芸術哲学そのものだと思います。日本画と西洋画の要素を融合させ、独自のスタイルを築き上げたフジタにとっての白とは単なる表現手法ではなく、無限の可能性と純粋さを象徴する色であったと考えられています。

　誰かのためではなく、自分が追い求める理想への欲求、その想いに従った行動と姿勢。それこそがアートです。**自分の官能を極める。**「奇跡の乳白色」には感動と、たくさんの気付きがあります。

レオナール・フジタ（藤田嗣治）
Photo by Getty Images

アートとデザインの定義

　芸術家レオナール・フジタを例に挙げたのには理由があります。日中戦争が勃発した頃、フジタは海軍省に従軍します。陸軍や海軍からのリクエストに基づき、フジタは戦争記録絵画である戦争画を描くことになりました。戦争画とは文字通り、戦争の様子を描いた絵です。

　当時は戦況を写真などで伝えることが難しかったため、その生々しさや状況を絵の力を使って伝えてほしいという軍の要望のもと、彼は数多くの戦争画を残しました。

　実は、陸軍の要求に沿った絵を描いた戦争画、これこそがデザインなのです。つまり第三者のために描いた絵。このときのフジタはアーティストではなくデザイナーであったといえます。デザインとはいわば**第三者の課題解決のためのもの**で、デザイン思考とは「クライアントの課題を解決するための思考法」です。フジタの例に照らすと陸軍というクライアントがいて、クライアントのオーダーに基づいて絵を描いています。その後も出版社から依頼を受けて本の挿絵を手掛けるなど、フジタはデザインの観点で作品を残しています。

　一人称で自分の想いを追求するアートと第三者のために描くデザイン。これらはどちらが上か下か、どちらが良いか悪いか、という話ではありません。アートとデザインのいずれであるかと 芸術的な価値はまた別の話です。現にフジタの戦争画も挿絵も大変素晴らしいものであり、世界的に高い評価を受けています。また興味深いこととしては、フジタ自身も「デザインをやるのも楽しい」という主旨の発言をしています。**アートもデザインも共存できる**という感覚。これはとても大切なものです。デザインは二人称もしくは三人称、アートは一人称と言い換えることもできます。本書ではこれをそのまま、それぞれの定義とします。

アート思考とアーティスト思考は違う

　次に、アート思考とアーティスト思考の違いについても整理しましょう。名称が非常に似ているので混同されるかもしれないですが、明確な違いがあります。

　まず前提として、アーティスト思考とは私自身のアーティストとしての経験値や感覚、発想法が源泉になっている思考法です。アーティスト思考は「アーティストが作品を創り出す主観的で創造的なプロセス」に焦点を当てている一方で、アート思考は「成果物としてのアート作品」に焦点を当てた考え方です。アーティスト思考は、アーティスト自身の創造的なプロセスに関連しており、アイデアの発展や表現方法の探求など、アーティスト独自の視点や創造力に関連した要素を含みます。アーティスト思考は主観的で個人的であり、芸術家自身の独自の視点やアイデンティティに大きく影響されます。

　一方のアート思考は芸術作品そのものに焦点を当てたものであり、その作品が伝えるメッセージや意味をどう解釈するかです。アート思考は、鑑賞者の視点で作品が観客にどのような印象や感情を与えるか、またその作品が社会や文化とどのように関連するかについて考えることを含みます。アート思考は客観的で、異なる観客や文脈に対する作品の影響を検討することが含まれます。

　ただし、アーティスト思考とアート思考は相互に密接に関連しており、アーティスト個人の思想や視点がアートの思考に影響を与えることがあります。**アーティスト思考は創造的なプロセス自体に焦点を当てており**、アート思考はそのプロセスから生まれる作品そのものと意味に焦点を当てているのです。

2 「デザイン思考」はどのようにして生まれたか

コンサルティング業界に突然現れた黒船

アーティスト思考を理解して活かすためには、デザイン思考についても理解を深める必要があります。そもそもデザイン思考はどのような状況で生まれたのか？　——実はコンサルティング業界が発祥の地であると私は考えています。

1990年代、私はアクセンチュア（当時はアンダーセンコンサルティング）というコンサルティング企業でコンサルタントとしてのキャリアをスタートさせました。その後、野村総合研究所、IBM、PwC、デロイト トーマツ コンサルティングといった大手コンサルティング企業でグローバルを舞台に世界を飛び回っていました。

当時、どのコンサル会社も考え方のベースにしていたのはMBAでした。実際にはMBAを基本にさまざまなプロジェクトでのノウハウを各社が独自にまとめあげた方法論をもっていますが、簡単にいえば、まずクライアントのいる業界とその企業の状況をフレームワークに則って分析して課題を抽出し、理想とする姿と比較してギャップを洗い出すことから始めます。そのギャップについて体系化された経営理論と過去の大企業の成功事例（ベストプラクティス）を活用し、クライアントの課題解決策の提案と実行をするというものです。

元来の経営コンサルティングとは、経営者に対しMBA的な論理的思考とさまざまなプロジェクトで培った経験をもとに助言をするサービスです。さらに高い学歴、圧倒的な地頭の良さでクライアントの要求を超えたアウトプットを捻り出す世界といえます。そのような中、突如として現れたのがIDEO（アイディオ）というアメリカ発のデザインファームでした。彼らの出現がコンサルティング業界を変えてしまったのです。

業界に走る衝撃

　IDEOは伝統的な経営コンサル会社とは全く異なる発想、ノウハウ、カルチャーを持っていました。それはユーザーとの共感に焦点を当て、実験を重んじ、クライアントのニーズを満たす革新的なソリューションを提案するというものでした。

　デザインファームとは、その名の通りデザインを起点に顧客体験設計やリブランディングを生業としますが、IDEOはコンサルティングファームの主戦場である新規事業創出など、デザイン以外のビジネス領域まで幅広く手掛けたのです。

　ビジネスの現場に突如として現れた、スーツを着用せずジーンズを穿いたカジュアルでクールな集団。そんな彼らがコンサル業界に乗り込み始めたとき、彼らを競合と思うコンサル会社はなかったでしょう。それどころかクリエイティブ畑の出身と聞いて「遊びで参入してきたのか？」などと言う始末。かくいう私も最初は競合としてどころか名前すら知りませんでしたので競合とは全く見ていませんでした。

　ところが、気付けば彼らはデザイン思考という独自の手法で伝統的なコンサル会社から難解な案件を奪っていったのです。聞けば所属するコンサルタントはデザイナー出身でMBAどころか芸術系の学校を卒業し、コンサル業界で一般的なフレームワークも使わない。加えて、アウトプットが直感的でわかりやすく、革新性もあり、高いセンスを感じるものでした。彼らは自分たちのノウハウをデザイン思考として体系化し、それを売りとして圧倒的な地位を築いたのです。

　当然、既存のコンサル会社は従来とは全く違う発想に大きな影響を受けます。IDEOのノウハウによって、クライアントが新しい事業創出におけるクリエイティブな発想に価値を見出し始めたからです。

最大の強みである「共感」する力

　これまではフレームワークとベストプラクティスを分析し、資料をスマートにまとめればそれなりに形になっていたプロジェクトが、最初から具体的でイノベーティブなアイデアを求められるようになりました。「論理思考は要らないから、面白いアイデアやサービスを持ってきてよ」と言われるようになったのです。このクライアントの変化によってコンサル業界は大きな転換期を迎えることになりました。

　IDEOが発案したデザイン思考とはどんなものなのでしょうか。
　デザイン思考とは「共感<Empathize>」に始まり、「問題定義<Define>」「創造<Ideate>」「プロトタイプ<Prototype>」「テスト<Test>」の要素で成り立つ思考法です。

　その最大の特徴のひとつといえるのが「共感<Empathize>」です。共感は他者の感情や状況に感受性を持ち、理解し、共有することです。そうすることで人間関係を深めたり、相互理解を促進したりすることができます。
　デザイン思考における共感とは他者であるクライアントの経験や感情、状況を感覚的に理解することです。共感を示す者と受ける者双方の理解とつながりを深めることで、クライアントの状況に寄り添った支援を展開することができます。共感から始まり問題を定義し、そこから新しいアイデアを作っていき、プロトタイプで形にする。それをテストしてまた共感に戻り、問題定義から繰り返していきます。こうやってみると別段変わったことはなく、むしろ当たり前のことだと思いませんか？
　共感をして問題を定義するなど、それまであったロジカルシンキン

グと工程は変わりません。でもデザイン思考は「共感」の中身が違います。

　デザイン思考における共感とは単なるヒアリングではありません。例えばプロジェクトのフィールドワークでヒアリングをすると 一言でいっても、ヒアリングをする側・される側のうち、ヒアリングをする側の人の態度や相手への敬意によって、ヒアリングをされる側の人から出てくる情報の量・質が全く違ってきます。その一番の要因が共感です。

　従来のコンサルタントといえば「課題を聞かせてみなさい」と言わんばかりの上から目線の態度でヒアリングすることが多いのは事実です。そのような人に今抱えている課題は何ですかと聞かれても、素直に答えるとは言えないでしょう。何かを言えば上司に報告されて自分の立場も危うくなりかねない。それでもコンサルタントは居丈高な姿勢をやめないので、多くの場合は嫌われたり避けられたりしてしまいます。

　ヒアリングで大切なのは、まず目線を合わせて共感することです。目線合わせは相手への尊重を示し、コミュニケーションを深めて信頼を築く重要なアクションといえます。まずは相手と同じ目線に立つこと。**共感の大前提はこの目線が同じこと**なのです。

どんどん進める「プロトタイプ」

　共感は一朝一夕でできるものではなく、相手に対してまず敬意を示すというマインドを持つことが重要です。共感はデザイン思考の肝のひとつですが、もうひとつ重要な特徴があります。それが「プロトタイプ」です。

　例えば次のようなシーンを思い浮かべてください。

　ある新しいアイデアが出てきたら、まずは上司に話す。そのまた上司にあげて、それから経営会議でもまれて、そのうち「証明しなさい」「ちゃんと検討しなさい」などと降りてくる。そして半年だ何だと時間をかけて大量の資料を用意し、プレゼンを行い、気が付いたら１年が経っている。そしてその間に競合他社に似たようなアイデアで先を越される……このようなケースは身に覚えがありませんか？　実際、多くの日本企業がこんな状況にあると思います。

　プロトタイプとはつまり「資料ではなくサービスのベータ版を実際に作ってしまって外部に出し、潜在的なユーザーに使ってもらう」という考え方です。特に日本におけるサービスや製品開発といえば、石橋を叩いて渡る、スピードよりも完璧なものを出す方が大事という暗黙のルールがありました。全ての仮説を検証したうえで慎重にサービス化し顧客にリリースするというやり方です。

　ところがインターネット時代のサービス開発は、プロトタイプの考え方をしています。成功事例としてはGoogleが提供するGmailやGoogleマップ、ストリートビューもベータ版でのサービスを小規模で始め、サービスの潜在的ユーザーからフィードバックをもらってサービスを改善したり、逆に見込みのないものはサービスを撤退した

り、まずは不完全であってもスピード重視でユーザーの反応を見て決める流れです。昨今の大手テクノロジー企業のもと展開される生成系AIも同じように利用者のフィードバックを基に細かなアップデートを繰り返し、日々魅力的なサービスが登場してきています。これがネット時代のあるべきプロセスなのです。

　私はこれをパーペチュアルβ（終わりのないベータ）と呼んでいます。これからのサービスは完璧なものをリリースするのではなく、ベータ版でリリースし、永遠にユーザーからのフィードバックを受けて進化していくものなのです。

　しかし、VUCAの時代になり、テクノロジーの急激な進化も後押しをして時代は止まることなく進んでいます。時代の流れはさらに予測が困難になり、デザイン思考を超える発想が求められてきているのです。

3 ビヨンド・ザ・デザイン思考

デザイン思考では何が足りない？

　なぜ私たちはデザイン思考を超えなければならないのか。

　先述のとおり、デザイン思考とは共感をベースにして他者の課題を解決する手法です。デザイン思考が提唱されたのは2005年ごろですが、それ以前にデザイン思考という言葉を論文で使用した学者リチャード・ブキャナンは「デザイン思考とは、デザインを通じて人間の困難な課題を扱うもの」という意味のことを述べています。そのまま今のデザイン思考に通じる考えだと思います。大変素晴らしい思考法ですし、コンサルティング業界が変革を余儀なくされた程大きなインパクトがあったのは事実です。

　しかし現在は先行きが読めないVUCAの時代。課題を超える世界が現実となり、課題解決型のデザイン思考を超える発想法が求められるようになってきたのです。アートとデザインの違いは前述したとおりですが、**クライアントの課題を扱う「デザイン」の思考にとどまっている限りは、VUCAの世界についていけなくなる。**それが、私たちがデザイン思考の向こう側に行かなければならない理由です。

　また、後述しますが、個の生き方に新たな価値が見出されるようになったことで第三者の課題を扱うのとは違った発想法が注目されるようになり、その方向性のひとつとしてアートが注目されるようになったのです。

常識がひっくり返された日

　今日という日が昨日の延長線上にあることに、疑いを持つ人はいないでしょう。今、この世界で起こっている出来事には何かしらの原因があって、その予兆と然るべき準備期間を経て起こっている。わざわざこのように考えるまでもなく、多くの人は無意識下でそう認識しているはずです。しかし、本当にそうなのでしょうか？

　現代を「VUCAの時代」と呼ぶようになって久しくなります。VUCA とは Volatility（変動性）、 Uncertainty（不確実性）、Complexity（複雑性）、Ambiguity（曖昧性）の頭文字を取った言葉で、元々はアメリカで軍事用語として使われていました。それまで国と国の争いであった戦争の常識がテロ組織の出現によって一変します。思想も手段も目的も全く違う人たちによって、世界の常識が根本から塗り変えられてしまった時代。一連の出来事による軍事戦略立案の困難さを表した言葉がVUCAです。

　VUCAは昨今ではパンデミックや不安定な情勢を指し、「先の読めなさ」や「突然訪れる変化」の文脈で使われています。世界はこれまでになく不安定で、そして非連続なものになっています。そんな世界を生き抜くには、どうすればいいのでしょうか。

訪れるグレート・リセットと3つの視点

　スイスの非営利財団である世界経済フォーラム（The World Economic Forum／WEF）が毎年開催する総会、通称ダボス会議。2021年は新型コロナウイルスの影響で開催されませんでしたが、テーマは非常に興味深いものでした。それは「グレート・リセット」。「今までのシステムを全部白紙にするくらい、これまで以上に持続可能で公平な経済を作り上げなければ、これからの世界は持続しない」という主旨の言葉です。

　その反響は大きく、世界トップの知識人や財界人たちが「これまでの成功体験にすがっていてはいけない」「今のシステムをゼロに戻し、新たなものを創造しなければならない」などと議論しました。これは大きな意味があったと思っています。

　グレート・リセットに向けたいくつかの重要な取り組みのうち、第4次産業革命が挙げられています。そもそも第4次産業革命とは何なのか？　内閣府の定義によると38ページのとおりです。

　ご覧のように、通信やAIを活用したサービスと言われています。しかし、私の解釈は違います。**「そもそも第4次産業革命などという次元で区切る事自体が消えていくのでは？」**と思うのです。

　例えば、第1次産業といわれる農業を例にすると、現代において農業は肉体労働のみで成り立つものではなく、情報やテクノロジーを駆使して生育や味をコントロールしたり、農園自体もスマート化したりしています。最近ではAIやIoT、ロボット、ICTなどの先端技術を組み合わせたスマート農業も登場し、作業の自動化や収集したデータの活用など、効率的な農作業が発達しています。

　第1次産業の農業だけを見ても外食産業や情報通信産業などの第3次産業と密接に結びついているため、第何次産業という切り分けには違和感を感じます。全てが情報産業化しているといえるのではないでしょうか。無理やり過去の分類を活かそうとしても限界に近づいているということです。もはや基本産業だ、インフラだ、などと言っている場合ではなく、誰がこれからのビジネスを先導するのか。まさにVUCAの時代なのです。こうした時代背景をベースにして、グレート・リセットから3つの視点を見出すことができます。

　ひとつは**マクロリセット**。地球の自然環境について皆さんも危機感を募らせているのではないでしょうか。「このまま温暖化が進めば地球には住めなくなってしまうのではないか」「地球外に住む必要があるのではないか」というSFの世界が現実のものになってくるのです。その危機感から、ESGやSDGsは社会責任を超えて人類が地球規模で取り組むべき重要事項として提唱されています。

　次に**ミクロリセット**。これがまさに第何次産業の話で、現在は産業構造や企業そのものが変わっていく過渡期といえます。ミクロリセットは異なる業界や分野が融合し、イノベーションを促進する時代を指します。相互連携や情報共有が進み、新たな可能性が広がります。相互連携を支えるプラットフォーマーの存在も重要になってくるでしょう。ここがビジネスのトランスフォーメーションと言われている部分です。

　最後に、一番見落とされがちで実はもっとも重要なのは**個人リセット**なのです。

第1次産業革命
蒸気機関による工業化 → 第2次産業革命
電力による大量生産 → 第3次産業革命
情報通信技術革命

第4次産業革命
＜コアとなる技術革新＞
・ビッグデータ、IoT
・AI、ロボット等

＜新サービスの例＞
①データ活用によるカスタマイズ
　商品、保守点検、健康管理等

②自動車、住居等のシェアリング

③AIによる自動運転、資産運用等

④IT活用による新たな金融サービ
　ス（フィンテック）

データの解析・利用による
新たな付加価値

需要者と供給者の迅速な
マッチング

クラウドによるデータ保管
費用の低下

再生産の限界費用ゼロ
（ネット上のコンテンツ）

需要面
①新たな財・サービスの創出
②価格低下による需要喚起
③経済価値の把握が難しい
　個人の満足度の上昇

生産面
①需要予測やマッチングによ
　る既存設備の稼働率向上
②AI等による業務効率化

働き方
①テレワークの普及
②余暇時間を活用した労働
③ハイスキルの仕事も一部
　がAIに代替

高齢者の生活
①自動運転による配車
②ウェアラブル端末による健
　康管理
③見守りサービス

内閣府ホームページより引用

"グレート・リセット" 3つの視点
本格的な個の時代

地政学、環境

マクロリセット

ミクロリセット

業界、産業、企業

個人リセット

身体、人間らしさ、
人としての生きる価値感

個人の変化が世界を変える

　現在は生きる意味の捉え方が大きく変わってきている時代です。そのきっかけとなったのはリンダ・グラットンとアンドリュー・スコットの書籍『LIFE SHIFT』でした。

　この本では「人生100年時代、自分で生きる価値を見出し思うままに生きなさい」と説かれています。言葉にすると当たり前のようですが、これまでは世間一般の成功パターンや勝ち組といわれるものをなぞっていれば幸せだと定義されてきたものが、パターンから抜け出し、個が自分で自分の成功や幸せを定義して実行していくような人の生き方が問われるようになってきたのです。

　個の変化はすなわち働く人たちのマインドセットの変化ですから、業界、産業、企業にも大きな影響を与えるようになります。これからの企業は従業員一人ひとりの変化に対して柔軟性や適応力が求められることを示唆しています。これが「個人リセット」が重要である理由です。

　昨今、大学を新卒で卒業して大企業に入った人のかなりの数が1年以内に退職した、というニュースを目にする機会が増えてきました。私と同世代の人は折角成功の第一歩を踏み出したのにもったいないと考えてしまいますが、彼ら若い人たちは違います。無駄なこと、やりたくないことをやっている時間なんてない。そういう価値観です。

アートと4つのトランスフォーメーション

　VUCAの時代を大きく捉えると、今後どのようなトランスフォーメーション（変革）が求められるようになるのでしょうか。変革とはすなわち従来の状態や概念から根本的かつ革新的に変化するプロセスです。人間らしさを追求した先の世界に、4つのトランスフォーメーションが見えてきます。それは**EX、SX、BX、DX**です。

　EXはエンバイロンメンタル（Environmental）トランスフォーメーション、環境変革です。現代は持続可能性、テクノロジー、社会の変化などさまざまなトピックがありますが、中でも環境破壊は極めて緊急かつ重要な課題であり、生態系の崩壊や気候変動など、人間の健康だけではなく生存にまで深刻な影響を及ぼす可能性があります。環境破壊を防ぐ取り組みとしてエネルギーの効率的な利用、廃棄物のリサイクル、自然環境の保護はこれからの社会に必要不可欠であり、持続可能な生活と環境保護が急務なのです。

　SXはソーシャル（Social）トランスフォーメーション、社会変革です。私は社会の価値観において特に多様性が重要だと考えます。

　かつて、世界中で個人の性に関する話題がタブー視されていた時代がありました。そんな中で1980年代にカルチャー・クラブというバンドが登場します。デビュー当時から自分がゲイであることをカミングアウトしていたボーカルのボーイ・ジョージはプロモーションビデオで、性別を超越した衝撃的なファッションで登場し、周囲の偏見や差別に対して『Do You Really Want to Hurt Me（あなたは本当に私を傷つけたいの？）』（邦題では『君は完璧さ』）という社会課題に直接向き合った曲を大ヒットさせました。セクシュアリティのオープンが現代より強くタブー視されていた時代に、勇気ある表現をしたのです。

カルチャー・クラブ (1982年)
一番右がボーイ・ジョージ
Photo by Getty Images

カルチャー・クラブがヒットしたことでゲイカルチャーがファッションとして受け入れられ、一般の人が「かっこいい」「男も化粧しても良いんだ」と感じることができるようになりました。これはジェンダー偏見の社会課題における大きな前進だったと思います。

日本でも同じころ、坂本龍一氏と忌野清志郎氏が化粧をして男性同士で接吻をするというミュージックビデオや音楽番組がテレビの地上波で流れ話題になりました。

音楽は社会の影響を受けるものですが、社会も実は音楽に物凄く影響を受けています。**表現の根底には社会課題意識が重要である。**私がこう考えるようになったきっかけでもあります。

デジタル変革、DXの解説は長くなってしまうので本書では割愛しますが、最後に、現代の生き方を語るうえでBX、バイオ（Bio）変革を避けることはできません。医療分野におけるバイオテクノロジーの進化は目覚ましく、病気への新たな対処法や難病の治療法の開発を可能にし、人々の健康と生活の質を向上し続けるでしょう。生きることの価値も問われるようになるでしょう。長く生きることにどう価値を見出していくかも課題になります。また、食品業界においては、食料生産力を高めることで世界中の人口増加に伴う食料不足を解決する手立てになることが期待されています。さらには有機物のエネルギーへの転用など、環境負荷を減らす可能性を秘めています。

バイオ革命は持続可能な未来を築く鍵となるでしょう。しかし、倫理や法の問題との調和、技術の適切な規制、個人情報の保護などにも十分な配慮が必要です。この倫理的な側面に対してアートは大きな役割を果たすのではないかと考えています。

グレート・リセットが追求する トランスフォーメーション

EX
（エネルギー・環境変革）

再生可能エネルギーの促進
循環型経済の構築
持続可能な都市計画と交通
システムの構築

SX
（社会変革）

平等と社会的正義の促進
持続可能な福祉制度の構築
ダイバーシティの追求

BX
（バイオ変革）

ゲノム編集技術の発展と
倫理的ガイドラインの確立
持続可能なバイオプロセス
の開発
人工生命とシンセティック
バイオロジーの研究

DX
（デジタル変革）

デジタルプラットフォームの推進
デジタルアクセスとデジタルリテラシーの普及
サイバーセキュリティとプライバシーの確保

アートは社会を豊かにする

　本章の締めくくりとして、アートの役割や意義についてもう一歩踏み込みます。

　アートは社会課題の解決において重要な役割を果たします。まず、アートは人々に感情や社会課題意識を喚起する力を持っています。アートとは抽象的なアイデアや感情を具体化することで鑑賞者に共感や議論を促し、社会的変化を鼓舞する役割を果たすものです。

　また、アートは文化の多様性と個別性を尊重し、異なる視点を示すことで他者との対話のきっかけにもなります。「なぜこの作品もしくは表現が生まれたのか」を知ろうとすることが、他者理解の第一歩となり、差別や偏見、社会的不平等といった課題解決の第一歩になるといえます。カルチャー・クラブの例でわかるようにアーティストは時に不公平な実態を生々しく浮き彫りにし、問題提起を行い、社会を挑発し、変革を促す存在でもあるのです。

　さらに、アートは問題解決力を育む点において重要性が高まっています。アートを通じて育まれる創造性は、社会課題に対してこれまでにないアプローチを生み出す可能性を秘めています。

　私たちは自分の理解の範疇を超えた行動をする人がいると、コミュニケーションを閉じて、諦めてしまいがちです。そうではなく相手（アートでいえば作者）の想いや立場に身を投じてみる。わからなくてもせめて理解しようと努める。これはコミュニケーションの基本姿勢と全く同じです。アートはそれ自体の価値はもちろんですが、鑑賞者の社会性を育むという面でもなくてはならないものなのです。

　絵画でも芸術作品でも音楽でも、アートに向き合うことは人生に彩りを与え、豊かにしてくれる。それがひいては社会全体を豊かにしてくれるのだと信じています。

COLUMN 1
天才たちの共鳴

　YMO（後述）の機材を全て担っていたシンセサイザーの第一人者・松武秀樹氏。由緒ある書道団体の神郡宇敬氏。イノベーションが起きる瞬間を多くの人に共有したいと思い、音楽と書道の最前線を走る2人が会するイベントを企画しました。私がリーダーだったデザインセンター開設に伴うもので、“イノベーションを生み出す場”としてメディアを集めて世間にアピールしました。コンセプトは「ライブジャム」。ミュージシャン同士のセッションのように、松武さんとVRアーティストのゴッドスコーピオンさんがライブジャムし、神郡さんには感じたままを書で表現してもらう。リアルタイムでライブの即興演奏に合わせて書道作品を書くという世界でも珍しいもので、海外メディアからも取材されました。

　どんな非連続的なイノベーションが起こるかが重要だったのでライブ感にこだわり、アーティスト同士を当日まで会わせないという徹底ぶり。打ち合わせもなく不安になった神郡さんは前日、壁の前で3時間座禅を組み考え込んでいました。正直私も不安はありましたが、本番直前に「エリックさん、わかりました。楽しければいいんですね」と声をかけていただき、成功を確信しました。ライブはまさに奇跡というべきものでした。実際に出来上がった作品は圧倒的なもので、今もイノベーションの象徴として存在感を持って在り続けています。

松武秀樹氏　　　　　　　　　　神郡宇敬氏

第2章

イノベーションを阻害する
「5つの壁」を超えた
デジタルネイティブ経営者
の発想

自分が何かを創造している時に、
限界なんてない。

When you're creating your own shit,
man, even the sky ain't the limit.

Miles Davis　マイルス・デイヴィス

1

世界を揺るがすデジタルネイティブ

デジタルネイティブの生態

　前章で述べた「デザイン思考の向こう側に行く必要性」をより理解するには、デジタルネイティブについて知らなければなりません。デジタルネイティブとは「生まれたころからインターネットが当たり前にある世代の人たち」のことを指します。具体的には1990年代から2000年代に生まれた世代です。日本では1994年にAT&T Jens（当時）が初の商用インターネットを開始したことから、90年代半ばに生まれた世代を指すこともあります。

　スマートフォン、タブレット、コンピュータなどのデジタルデバイスとインターネットが当たり前にある環境で成長し、これらのツールを自然に感覚的に操作できる能力を備えている人たちです。彼らはテクノロジーに慣れ親しんでいるため、新しいデジタルトレンドやソーシャルメディアの使用方法を迅速に理解・習得することができます。

　このように情報への迅速なアクセス、コミュニケーション、コラボレーションにおいて優れた能力を持つ一方で、オフラインでの対人スキルや情報の信頼性の評価においては課題を抱えるとも言えます。彼らがこれからの時代における主役ともいえる世代です。

　彼らは物心がついてからデジタルテクノロジーが身近にあり、全く物おじせずにそれらを使います。例えば、私の息子は幼稚園児のころからアプリで作曲しさまざまな楽器のサンプリングを使って音楽を作っていました。しかも驚くほど完成度が高かった。音楽理論など何も知らないのに、CDのように曲を作ってしまう。同じ年頃に意味もわからずピアノ練習曲を練習させられていた自分のことを思い出すと、凄い時代がきたものだと感心してしまいます。

　そんなデジタルネイティブの特徴について解像度を上げてみると、これからのビジネスのヒントと時代の大きなうねりが見えてきます。

二極化するデジタルネイティブ

デジタルネイティブは大きく 2 つの層に分かれます。ひとつはインターネットを主軸とした体験・決定・評価・サービスが当たり前になっている層です。本書では彼らをデジタルネイティブと呼びます。彼らには大きく 4 つの依存傾向があります。「ネット経験依存Net-Experience」「ネット情報決定依存Net-Decision」「ネット共感依存Net-Empathy」「ネットフリーミアム依存Net-Freemium」です。

デジタルネイティブのネット経験依存はオンライン世界への過度の依存を指し、時に日常生活や人間関係に悪影響を及ぼす危険があります。SNS、ゲーム、ビデオストリーミングなどのデジタルメディアが生活の主要な一部となり、膨大な時間と意識を費やすだけではなく現実そのものからの逃避になることがあります。現実世界とのつながりが希薄になる危険性をはらんでいます。

ネット情報決定依存は、ネットに費やす時間が過度になるにつれてネットの情報に依存してしまうため、決定や判断をする力が欠如する傾向を指します。信頼性の低い情報やフィルターバブル（ユーザーの検索傾向などからアルゴリズムによって偏った情報が表示される環境）の影響で意思決定にも偏りが生じるリスクが増加します。

ネット共感依存は、ネット上のコミュニケーションが過度になると仮想的な承認を欲し、自己評価に影響を及ぼしてしまう傾向のことです。SNSやオンラインコミュニティでの「いいね」やコメントが自尊心に影響を及ぼし、現実世界の人間関係よりも「いいね」の数が重要になることで日常生活に悪影響を及ぼす懸念があります。

ネットフリーミアム依存は、コンテンツの無料提供に慣れてしまい、有料サービスの利用や購買意欲の低下をもたらしてしまう傾向を指します。これによってコンテンツの品質低下や個人情報の濫用を招く可能性があり、サステナビリティの観点から懸念すべき課題であるといえるでしょう。消費者にサービス価値を伝え、公正な報酬モデルを採用する必要があります。

　これらに依存傾向がある世代を相手にビジネスをするとなると、ビジネスの構造をガラッと変えなければなりません。
　例えば飲食店では「美味しさよりも写真映えする見た目のほうが重視されるようになる」など、極端な話、料理の価値が味から見た目に変わってしまいます。また「ユーザーがサービス利用料を払わなくなる（利用料がかかるサービスを使わなくなる）」ことで収益確保のために広告モデルが氾濫し、四六時中広告を見なければならない状況と質の低いサービスの氾濫に陥ります。
　そして、多くのマーケターがターゲットにしているのがこのデジタルネイティブなのです。フリーミアム依存の世代を対象にすると、直接売上をあげることが困難になり最後には広告で収益を上げるモデルに行きつきます。デジタルネイティブ向けのサービスに、ネット広告のビジネスモデルが氾濫している原因です。

　広告モデルへの依存にはいくつかの問題点があり、ひとつにはプライバシーの侵害が挙げられます。広告モデルはユーザーの行動や嗜好を追跡し、個人データを収集することが目的です。これによりユーザーは無意識のうちに価値ある個人情報を吸い上げられています。そしてプライバシー侵害やデータ漏洩、個人情報の悪用といったリスクが生じます。

　また、情報のゆがみも問題です。広告主はターゲット広告を実現するためにアルゴリズムを調整し、ユーザーにバイアスのかかった情報を提供することがあります。前述のフィルターバブルとして 知られ、意見の多様性を脅かし、極端な意見の台頭を助長する懸念があります。

　さらに、広告モデルに依存するサービスは、広告主に依存しているため、広告主の圧力を受けやすくなり、品質や独立性に影響を及ぼすことがあります。また、広告ブロッカーの普及が広告収益に打撃を与え、無料サービスの維持が難しくなることも指摘されています。

　すなわち、広告モデルへの依存は現代のデジタルエコノミーシステム全体にかかわる懸念事項であり、新しい収益モデルの探求やプライバシー保護の強化が求められるのです。

　話は少し逸れますが、最近新しく事業を立ち上げるときになにかと広告収益を上げるモデルを取り上げるケースをよく聞きますが、以上の問題点からも避けるべきです。広告モデルに依存するのははっきり言えばリスクだと思います。商品やサービスの価値の最大化を考えず、デジタルネイティブ世代の傾向についていっているだけでビジネスの本質について何も考えていない証拠といえるでしょう。

ユニークバリューを持つ人々

　しかし、注目すべきはデジタルネイティブは前述した傾向だけではなく、比較的少数ではありますが真逆の価値観を持つ層が現れていることです。その人たちが、過去の連続的な経営から非連続的な変化を必要とする経営への変革の核になっています。

　その価値観は、すなわち自分の感覚を信じ、直感に従う人たちです。本書では彼らをネオ・デジタルネイティブと呼びます。ネオ・デジタルネイティブはビジネスに変革を起こし若くしてこれまでにない稼ぎ方をして、すでに億万長者だという人も登場しています。

　ただこれまでのお金持ちとも価値観が全然違って、お金を自分の価値観で消費していきます。例えば、住んでいるところは狭いシェアハウス、飲み食いするものといえばデリバリーのピザにジュース、楽しみはオンラインゲームといった具合です。一昔前の、六本木ヒルズに住み、高級レストランで超高級なワインを飲んで、スーパーカーを乗りまわし、高級会員制のゴルフなんていう価値観とは似ても似つきません。

デジタルネイティブ世代の特徴

ネット経験依存 Net-Experience	ネット情報決定依存 Net-Decision
ネット共感依存 Net-Empathy	ネットフリーミアム依存 Net-Freemium

ユニークバリューの特徴

直感 Intuition	思いつき Inspiration

世界中のコミュニケーションを変えたFacebook

　時代の変化によってネオ・デジタルネイティブからアントレプレナーが生まれ、市場で無視できなくなるくらいの存在になり、大手企業を脅かすような存在になりました。そして彼らはミレニアムアントレプレナーと呼ばれるようになりました。

　その一例がFacebook（現在のMeta）のマーク・ザッカーバーグです。ザッカーバーグはその傑出したビジネスアイデアで大きな成功と影響力を手にしました。彼はFacebookを創設したことで、ソーシャルメディアで世界中のコミュニケーションを変えました。

　その成功の要因は、ネオ・デジタルネイティブが持つ、直観力、先見の明、技術への情熱、そして起業家精神です。

　ザッカーバーグがFacebookを立ち上げたのは学生時代で、それを多様なアイデアと先進のテクノロジーで着実に拡大していきました。彼は世の中の変化や多様なニーズに対応するためにプラットフォームを進化させ、InstagramやWhatsAppを買収することで企業規模を拡大していきました。彼はソーシャルメディアが持つ、人々をつないでコミュニケーションを促進する力を信じていたのだと思います。

　彼の成功は、多くのデジタルネイティブ世代とその後の世代に影響を与えました。

ネオ・デジタルネイティブの特徴

　ネオ・デジタルネイティブから生まれたアントレプレナーはいくつかの特徴を備えています。まずテクノロジーを活用する能力が高いこと。彼らはオンラインプラットフォームやソーシャルメディアを効果的に使用し、デジタルマーケティングやオンラインビジネスを展開する能力に長けています。

　デジタルネイティブが現れる以前とのビジネス面での大きな違いは、ITの役割が中心的になったことと、ITのアウトソーシングの流れから低コストで拡張性の高いITインフラをサービスに利用できるようになったことが重要です。

　また状況の変化に適応し、新しいアイデアやビジョンを迅速に実行に移す柔軟性と創造性も彼らの特徴です。リスクを恐れず、失敗も学びの機会と捉える傾向にあります。

　他の起業家や投資家と協力・共創、サステナビリティへのコミットメント、ワークライフバランス、多様性の尊重への高い意識を持っていることが特徴として挙げられます。

2

露呈したMBAの限界

突然やってきた脅威

　従来、例えばホテル業界内で大企業の競合は同じセグメントの大企業、タクシー会社のライバルは別のタクシー会社や公共交通でした。当たり前といえば当たり前で、ビジネスのライバルと聞けば誰しもが同業他社を思い浮かべるものです。それがホテル業界において、突然現れたAirbnbが大手ホテル業界にとって大きな脅威となりました。

　Airbnbのプラットフォームでは個人の部屋や物件を貸し出すことができるようになったことで、旅行者にホテル以外での宿泊場所の選択肢を提供しました。結果として伝統的なホテル業界に圧力をかけ、価格競争の激化を引き起こしました。また、部屋だけでなく現地の体験やローカル文化にアクセスできるユニークな宿泊オプションを用意するなど、新たな旅行のスタイルを形成したことで宿泊業界に革命をもたらしました。

　Uberの登場もタクシー業界にとって大きな脅威となりました。Uberはスムーズな予約や支払いなどの高い利便性などにより、タクシー業界に競争を引き起こしました。Uberのドライバーは自家用車を使用することでフレキシブルな労働条件であり、利用者は従来のタクシーと比べて低いコストで乗車できるため、大きな競争力を持っていました。

　Uberは規制や運転手の労働条件などの面で国や地域ごとに対立が続いていますが、新たな雇用機会を提供する側面もあり、モビリティ業界全体の変革を促しました。タクシー車両を持たないタクシー会社が世界を席巻すると誰が想像したでしょうか。

　ミレニアムアントレプレナーの共通点は既成概念にとらわれない、便利なことに対する思いつきと実行力です。彼らは過去の連続的変化やロジックからは決して出てこない発想で行動し、若くして大成功を収めています。既成概念にとらわれない自由な発想でビジネスを立ち上げたら成功してしまったという人たちが、これまで経営学やMBAを修めてきた人にはまるで理解できないビジネスモデルを立ち上げていきます。有名コンサルタントが作った企画書でもなく、1枚の資料と熱意で投資家たちからとんでもない額の投資を引き出すということもやってのけるのです。

　ロジカルなアプローチをする大企業を脅かす突飛なアイデア、過去の延長線にはない非連続の世界、そんな感性や欲求を持つ人たちが台頭する世界においてビジネスを展開していくには、その世界についていくための自由な発想と思考の方法が求められるのです。

これからのビジネスにMBAは不向き

　仕事で新しいアイデアを思いついて社内で提案するとき、上司からこう言われたことはありませんか？

　「まずは事例を持ってきてくれ」

　はっきり言います。**クリエイティブな世界に事例は全く意味がありません。**意味がないどころか、発想を固定化するだけではなく、そもそも調べる時間がマイナスでしかない。過去の事例は、クリエイティブのような非連続の世界では通用しないからです。「事例からイノベーションは生まれません」と明言します。

　ところが、実際には今も、新たなビジネスといえば過去の事例を参照し、デザイン思考も日本ではそこまで浸透しておらず経営といえばMBA的な方法論にまだ頼っています。経営者もですし、コンサルタントも同じくです。もうおわかりだと思いますが、MBAは過去の事例の分析とロジックなので、構造からして新しいものが出てきません（付け加えれば、誰がやっても出てくる答えは同じです）。

　もちろんビジネスにおいて論理的思考は重要ですが、イノベーションを生み出すにはクリエイティブな思考も不可欠です。現代の経営者は、新たな視点やアプローチによって革新的なアイデアを生み出し、育てる必要があります。伝統的な慣習や通年にとらわれず、ユーザーの感情やニーズを理解し、それを製品やサービスのデザインに反映するアクションが重要です。

　特にクリエイティブな思考は柔軟性を持つ組織文化を育むのに役立ちます。これは競争の激しいビジネス環境で戦うには不可欠であり、新たな機会を見逃さず、市場の要求に適応するための要素なのです。

3 イノベーションを阻害する5つの壁

だからイノベーションは起こらない

　世界のベンチャー起業家たちが非連続的でイノベーティブなビジネスを立ち上げて成功を収めているかたわら、多くの日本のビジネスパーソンが「なぜ自分の会社ではイノベーションを起こせないのだろう」と頭を抱えています。

　その原因はシンプルで、イノベーションを起こせる土壌が整っていないからです。原因はさまざま考えられ、まず思考が慣習的になってしまっていることが挙げられます。文化として変化を拒み、新しいアイデアが受け入れられないケースや、人的リソースが不足しているから新たなアプローチができないというケースもあります。規制や環境、市場の不確実性も、イノベーションを妨げる外的要因です。挙げればキリがありませんが、実際のビジネスの現場ではイノベーションを妨げる壁が次の5つ存在すると考えてください。

　「認識の壁」は新たなアイデアや市場の変化を見過ごしてしまう壁のことです。既存の思考パターンにとどまってしまう状態といえます。企業は定期的に競争環境や競合の分析を通じた外部のトレンドを追跡し、異なる視点を受け入れるカルチャーを醸成すべきですが、多くの日本企業が苦手としています。

　「判断の壁」とは、チャレンジングな意思決定を阻害する壁です。本来、リスク管理のプロセス改善や、スモールな実験を通じて新たなアイデアをテストする文化を構築すべきですが、多くの企業はリスクや失敗を過度に恐れてしまう傾向にあります。本当に恐れるべきは失敗ではなく、失敗からの学びを十分に活用できないことなのです。

「納得の壁」は、新たなアイデアや方針・戦略に対する抵抗や反発に潜んでいます。イノベーションに対する理解の不足から生じるもので、社内だけではなくあらゆるステークホルダーとの間にも存在します。

　「行動の壁」はアイデアの実行を滞らせる壁です。組織はアイデアの実装を簡素化するために、リソースの適切な配分と、責任所在を明確化するプロセスが整備されているべきですが、曖昧になっているケースも多くあります。

　「継続の壁」は、イノベーションへの行動の維持・継続を阻む壁です。成果を持続的に追求することができなくなってしまいます。長期的な視点のもと、事業プロセスにイノベーションの概念を組み込み、成果の測定とフィードバックを活用するための組織文化とメカニズムを構築する必要があります。

　これらの壁はいずれも組織的な課題であり、克服するためには本来的には経営者やマネージャー層がリーダーシップを持って、文化の変革、プロセスの改善、意識の醸成を先導しなければなりません。
　この壁は、企業だけではなく多くの組織やコミュニティに存在します。特に一見すると安泰している組織に多い印象です。逆に追い込まれている組織は死に物狂いで新しいことを仕掛けてきます。「イノベーションが必要かどうか」を議論している場合ではないのです。

　ちなみに私がクライアントのDXコンサルをやるときに必ず徹底しているのが、イノベーションを実現するために**既存事業部のトップを巻き込んで味方にすること**です。

第 2 章
イノベーションを阻害する「5つの壁」を超えたデジタルネイティブ経営者の発想

　通常、イノベーションとは既存事業の概念を壊すために独自の動きをするものです。しかしイノベーションを担う部門が独立独歩で既存事業への敬意なく動けば、ほとんどの場合は両者の間に対立が生じてしまいます。「自分たちが会社を支えているんだ（だからお前たちは必要ない）」というのが既存事業の人たちの言い分です。誰であれ自分たちの立場がなくなるのは面白くないものです。

　だから私は、イノベーションには必ずその会社の基幹となる**既存事業に利益をもたらすロジックが必要である**と定義していました。私がプロジェクトを動かすときには、必ず既存事業のリーダー格の方々——コンサルタントの立場からすると、もっともやりにくい方々——を納得させることを最初の目標にしていました。

　決して簡単なことではありませんが、イノベーションを起こす第一歩はこれしかないと言い切れます。近道や裏技などはなく、真正面からの正攻法です。そのときに持つべきものは既存事業へのリスペクトと共感です。

　このように、**発想と現実の両方があってようやくイノベーションは起こせます。**理想だけではなく、現実的にどのようにやっていくかを検討するのも大切なのです。

イノベーションを阻害する
5つの壁

"認識"の壁　なぜイノベーションが必要なのか

"判断"の壁　なにを変えればいいのか

"納得"の壁　なぜ納得できないのか

"行動"の壁　どう行動すればいいのか

"継続"の壁　行動がなぜ継続できないのか

Ref : Arthur D Little "Side by Side"

新時代とアーティスト思考

　話は少し戻って、IDEOの登場によって経営コンサルティングの主流は論理的思考からデザイン思考に移り変わりました。しかしこれからはデザイン思考の次のフェーズに進まなければならない。なぜならデザインとは相手（クライアント）がいるものであり、デザイン思考は課題解決型の思考法だからです。

　一方で現代は誰かの課題を解決するビジネスではなく、直感に従う発想のビジネスが求められる世の中になりました。これからは誰かの課題を扱っている限り、新しいフェーズにはいけないでしょう。

　誰かの課題でなければ、何を取り扱うべきか。その答えが自分の感性——すなわち**直感・共感・官能**です。これらはイノベーションを起こすには不可欠な要素といえ、それぞれの定義を次のページで改めて明確にしましたので、参照してください。

　これらを組み合わせて取り入れたイノベーションは、市場において競合との差別化と優位性を築くのに役立ちます。そして、**感性を用いてビジネスを展開するための方法論のひとつがアーティスト思考**なのです。

　本書PROLOGUEでも述べたように、この本は私が体系化したアーティスト思考なるものを身に付けてもらうための本ではありません。アーティスト思考は自由に自分だけのオリジナルの発想法を持つことであり、本書は自分だけの感性をビジネスに落とし込むための思考法を見つけるトレーニングをすることが目的です。

　次章からアーティスト思考について、より深掘りしていきます。芸術のレジェンドたちが持つ天才性を感じ、ビジネス思考に活かすヒントにしてください。

直感
新たなアイデアやソリューションの創出において、
知識や経験に依存せず、創造性や洞察を活かす能力。

共感
ユーザーのニーズや感情を理解し、それに合致したソリューションを
発想・提供する能力。デザイン思考における共感と同じもの。

官能
感触、視覚、音、香り、味の五感を通じた体験のこと。
製品やサービスとユーザーの精神的な結びつきを醸成し、強めてくれる要素。

COLUMN 2
未来発想のバイブル

　非連続な世界において、過去に敬意を払い、学ぶことは重要です。しかし、何か違和感があり変化させた方がいいと感じたら執着することに意味はないと思っています。それが未来につながるのです。しかし、未来を考える時に、論理的に分析しなければならないという先入観を捨てなければなりません。あくまで直感・共感・官能を駆使し自分の感性で未来を描けばいいのです。

　メディアでは「AIが普及することで人々は仕事を奪われる」等、意識的に人々に脅威を与えるようなホラーストーリーが溢れていますが、メディアに洗脳されてはいけません。これらは大概がビューを増やすための空虚な分析によるストーリーにすぎないのです。「これまでを分析すると、こういうリスクがある」という脅しをリニア（直線的）な論理に基づいて組み上げたストーリーなのです。しかしそうではなく、あるべき未来やありたい理想の姿は自らポジティブに描き、切り拓いていくべきなのです。温暖化で地球に住めなくなると戦々恐々とするのではなく「こんなことをすれば温暖化が防げ、人類の未来が開ける」という話をしたほうが建設的ではないでしょうか。明らかに建設的な未来の方が楽しいし、良いアイデアも出やすくなるでしょう。

ちなみに私の研究室には未来発想のバイブルが置いてあります。それは『ドラえもん』全46巻。
　『ドラえもん』には夢が詰まっています。

「こんなものがあったらいいな」
「こんなことができたらいいな」

　この発想は、未来を創造するイノベーションにすごく大切な要素です。新しい事業を構想するための基本であり、そしてアーティスト思考にも重要かつ必要なものといえます。

第 2 部

アーティスト思考と
過去の"ルール"

第 3 章

官能から生まれた
アートの基礎

万 物 の 根 源 は 、 数 で あ る 。

Number rules the universe.

Pythagoras　ピタゴラス

1

音楽の起源と神話の世界

音楽のルーツ

　本章からはアーティスト思考について深掘りしていきます。

　アートとは表現者や表現物だけでなく、鑑賞者も重要な構成要素です。能役者、能作者として一世を風靡した世阿弥は、能の鑑賞者を「見所」と呼びました。現代の「見所」の語源ともいわれます。

　鑑賞者は単に能を視聴するだけの存在ではなく、能に対する理解を深め、新しく価値や楽しさを見出す存在でもあることを示しています。つまり鑑賞者とは表現者とともに学び、成長する存在なのです。

　では、音楽の世界ではどうでしょうか。私のルーツである音楽にフォーカスして、歴史を振り返っていきます。

　楽譜が登場する以前の音楽を象徴するものとして即興演奏が挙げられます。即興演奏は音楽家が譜面に頼らず、瞬時に創造的かつ自由に表現する音楽技術です。

　音楽と即興演奏は歴史的に長く深い関係があり、古代から中世にかけて、音楽とは主に即興で演奏されるものでした。楽譜が一般的ではなかったため、音楽家は即興的な演奏で観客を楽しませたのです。

　バロック時代になると、即興演奏は芸術の一部として重要視されるようになります。クラシック音楽でも、ソロ演奏家は即興演奏のスキルを持ち、コンサートで変奏曲やカデンツァを即興で演奏しました。

　20世紀の初頭にティンパンアレイ（後述）で活躍したジョージ・ガーシュウィン（1898〜1937年）は、1920〜1930年代に

第 3 章

官能から生まれたアートの基礎

『**Summertime**』『**アイ・ガット・リズム**』等のポピュラー音楽
と、『**ラプソディ・イン・ブルー**』に代表されるクラシック音楽とい
う、ジャンルを超えた名曲を生み出した即興音楽で著名な天才作曲家
です。ガーシュウィンについてはのちほど触れていきます。

　また、即興演奏といえばジャズやロックのギターソロを思い浮かべ
るかもしれませんが、古くはクラシック音楽のルーツと呼ばれる9世
紀の『**グレゴリオ聖歌**』の時代から存在しています。

　単旋律から始まったグレゴリオ聖歌がどのようにクラシック音楽や
即興音楽のルーツになっていったのか。誕生からその進化の過程は、
イノベーションの観点で得られる気付きがたくさんあります。

そもそも音楽とは何か？　ギリシャ神話のMusa

　グレゴリオ聖歌から始まる音楽の歴史を見ていく前に、まず音楽とは何かを考えてみましょう。音楽とは、そもそも音とは何なのか？

　音とはすなわち、物体を通して縦波として伝わる力学的エネルギーです。と言われても全然ピンとこないと思いますが、音とはとにかく私たちの脳が判断する聴覚器官が捉える振動のことです。

　世の中はいろんな音で溢れていて、本書のテーマでもある音楽はもちろん、自然の中にもさまざまな音が存在します。風が吹く音、川のせせらぎ、鳥や虫が鳴く声。メロディやコードはおろか、音楽という言葉すらなかったころから、人々は音を、音楽を認識していました。

　近年はASMR（Autonomous Sensory Meridian Response）というジャンルも出てきました。ASMRとは聴覚や視覚的な刺激から得られる心地よさのことで、音に関していえば自然の音だけではなく、人工的な音や咀嚼音なども心地よいとする感覚が生まれています。

　ギリシャ神話までさかのぼると、Musicの語源とも言われるMusa（ムーサ）という女神が描かれています。MusaはMousa、Museとも綴られ、ギリシャ神話に登場する音楽・詩・芸術・知識の神々であるムーサイ（Mousai）として知られています。Musaという語は「音楽の神秘的な啓示をもたらす存在」を意味するほか芸術的なインスピレーションを指す言葉としても使われています。芸術と知識の神秘的な起源への古代の人たちの理解を象徴しているといえます。

　神話の中の音楽は楽譜が存在する前なので、どのような音を音楽と定義していたのかはわかりませんが、当時から人々は自然の中に音楽や「美」を見出していたのだと私は考えています。かつて、世界にはどんな音楽が流れていたのか……想像することしかできませんが、人と音楽の関わりの歴史は相当深いことがわかります。

2 物事には法則がある

音楽はロジカル

　イノベーションとロジックは相互に影響します。イノベーションは創造的な発想や新しいアプローチによって生まれ、イノベーションからは柔軟で効果的なロジックが生まれます。ロジックはアイデアを実行可能な形に整え、イノベーションを体系化し実現させる手段にもなります。同時にイノベーションとはロジックを知り、壊しながら生み出すものです。壊すためにはロジックとは何かを知らなければなりません。芸術もビジネスも、その点は同じです。ということは革新的なアーティストの発想や行動は、ビジネスのイノベーションにも転用できるはずです。そのためには歴史を知ることが土台となります。

　ではここから、音楽の歴史を深掘りしていきましょう。音楽の基礎となるドレミファソラシドの「音律」を見つけたのは誰かご存じでしょうか。驚くべきことに答えはピタゴラスです。彼は三平方の定理などで有名な数学者ですが、音楽における一番の功績は音律を見つけたことでした。

　あるとき彼が街を歩いていると、鍛冶屋が鉄を打つカンカンカン……という音が聞こえてきました。2つの音がある重なりをしたときに心地よさを感じたといいます。
　彼はその理由を探るため、長い時間と膨大な手間をかけてどのような音の重なりなのか検証を始めます。やがて、心地よい重なりをする音の高低について法則性を発見し、その高低を数字で表したのがピタゴラス音律と呼ばれ、後の音楽の基礎になりました。
　ピタゴラス音律は西洋音楽における歴史的な発見となりました。

ピタゴラス
Photo by Getty Images

より心地いい音階へ
～12音階の発展～

	ピタゴラス音階	純正率音階	平均律音階
ルール	完全5度の音の音程比を2：3 オクターブは1：2	長音階は完全5度を2：3、長3度を4：5に、短音階は完全5度を2：3、短3度を5：6	1オクターブ（音程比1：2）を12の半音に等分
メリット	5度（C（ド）とG（ソ））や4度（C（ド）とF（ファ））の和音ならば協和音となり心地よい響きになる。	C（ド）：E（ミ）：G（ソ）、F（ファ）：A（ラ）：C（ド）、G（ソ）：B（シ）：D（レ）、4：5：6、E（ミ）：G（ソ）：B（シ）、A（ラ）：C（ド）：E（ミ）、10：12：15となり、うなりのない響きになる。全ての音の関係性が綺麗な比率で表されるので、とても綺麗に響きあう。	音程比が同じであるので、移調・転調できる。
デメリット	主要三和音になると、うなりのある響きとなる。3度（C（ド）とE（ミ））の場合は1：81/64で、不協和音となって濁ってしまう。移調・転調できない。	音の並びが不均等であるために、転調・移調がしづらいことです。「D（レ）」「F（ファ）」「A（ラ）」の和音は27：32：40で、濁った響きとなる。移調・転調できない。	音階の比率は整数比ではないため、綺麗に協和した音程は1オクターヴ上、下の音で、それ以外一つもない。

心地よさを支配する数学的根拠

　12音で構成されるピタゴラス音律は、音の原則と本質を解明したことで、西洋音楽の基礎を築きました。彼の理論は音楽に哲学、数学、それぞれの結びつきを示し、自然界の秩序と調和について多くの議論を巻き起こしました。その功績は音楽にとどまらず、あらゆる学問や知識の発展に貢献したことといえます。

　ピタゴラスから始まった音律は、さらに心地よい音を見つけるために長い時間をかけて進化・発展してきました。
　より完璧なハーモニーを追求した「純正律」や、近現代の音楽の基礎となっている「平均律」があります。成り立ちについては本章のCOLUMNで触れます。

　いずれの音律も数字で説明することができ、音楽と数学は実は密接な関係にあることがわかります。
　心地よい音（ハーモニー）には法則性がある。つまり、音楽とはロジカルであり、ロジックがあるということは再現性があるということです。

　近現代の作曲家が曲を量産できるのは、実はこのルールに則っているからなのです。

3 音楽の普及と発展
音楽の進化論I

世界最古のメロディ

　音楽の歴史について、もう少し詳しく見ていきます。

　音楽を構成する三大要素はリズムとハーモニー、そしてメロディです。ピタゴラスは音律を発見しましたが、音楽とは何かという定義はしませんでした。

　世界最古の音楽は紀元後1世紀ごろまでさかのぼります。それは『セイキロスの墓碑銘』というもので、セイキロスという人物が妻のエウテルペに宛てて書いた詩と音符を意味する記号が刻まれた石のことです。年代は諸説あり、紀元前2世紀ごろからとする説もあります。

　セイキロスの墓碑銘は古代音楽の理解と再構築に大いに寄与するものでした。音楽学と考古学において重要な資料であるといえます。

　セイキロスの墓碑銘は、夫婦の深い愛を感じるものですが、音として記録されているのは音符のみ、つまり音階のみでした。当時は伴奏がなく、独奏のみであったことがわかります。ここから音楽が少しずつ発展していくのですが、その過程はとても興味深いものです。

世界最古の楽曲
"セイキロスの墓碑銘"

旋律を意味する記号

C Z̄ Z̈ KIZİ K̄ I Ż İ̇K O C̄ OΦ

Ὅ σον ζῇς, φαί νου, μη δὲν ὅλ ως σὺ λυ ποῦ·

C KZİ K̇I KC̄ OΦ C KO İ Ż K C̄C C Ẋ̣I

πρὸς ὀλ ί γον ἐ στὶτὸ ζῆν, τὸ τέ λος ὁ χρόνος ἀπαι τεῖ.

生きている間は輝いていてください
思い悩んだりは決してしないでください
人生はほんの束の間ですから
そして時間は奪っていく物ですから　(訳)

キリスト教とともに広がる音楽

　5世紀の後半の、ローマ帝国が西と東に分かれていた時代。ゲルマン人などの侵攻にさらされた西ローマ帝国は急速に統治能力を失っていきました。結果、東ローマ皇帝ゼノンに東西の皇帝権が統一されます。こうした過程で各地にキリスト教の聖歌が乱立します。

　宗教と権力はとても密接なものであり、国の勢力拡大のために神のメッセージをも統一しようとする動きが出てきたのです。

　強大国と組むことで、とある教会の聖歌が爆発的な広がりを見せました。それが『グレゴリオ聖歌』であり、クラシック音楽のルーツとされています。グレゴリオ聖歌は中世のキリスト教で用いられた歌唱形態のひとつです。6世紀初頭、教皇グレゴリウス1世は神のメッセージをより広めていくために、教会音楽に統一性をもたらすことに尽力しました。

　これらの聖歌はカトリック教会の典礼で使用され、キリスト教の信仰と宗教的一致を加速させました。グレゴリオ聖歌はラテン語で歌われ、中世のキリスト教共同体に共通の音楽的言語を浸透させたことで、異なる地域や言語においても布教できたのです。

　これによって宗教的規範と教義の遵守が強化されたと同時に、教会の学校でも教えられたことで中世の文化と教育にも影響を与えました。また中世初期には、それまで口承口伝で広がっていた聖歌を楽譜として表現したネウマ譜が修道院や教会の図書館に写本として保存され、その写本が広がることによって地域や教派を超えてグレゴリオ聖歌が普及することに寄与したのです。

　中世ヨーロッパにおけるキリスト教とカトリック教会の権威を支えた重要な音楽のひとつの形態となり、その伝統は中世ヨーロッパの教会音楽において不可欠なものとなりました。

音楽のさらなる進化

　キリスト教を広く布教する手段として発展したグレゴリオ聖歌。

　これらの聖歌は一音のみの旋律によって曲が構成され、調性や和声の発展がまだなかった中世の音楽の特徴がみられます。そのシンプルで神秘的な旋律は、聴衆に深い信仰の醸成をもたらしました。

　音楽的観点でも興味深い特徴がいくつかあります。

　まず「単旋律」といって、伴奏もなく単音のみで構成されていること。この時代は和音の考え方がなく、伴奏もありませんでした。しかも1オクターブのなかで完結するというつくりだったのです。単旋律の形式は、後の多声音楽の発展に先駆け、音楽の形式や理論を築く基盤となりました。加えて、グレゴリオ聖歌は口頭伝承によって継承されたことで、歌唱技術の発展にも寄与しています。

　次に、ひとつの旋律を3回繰り返すという特徴があります。これはキリスト教の教えである「三位一体（トリニティ）」という「父である神と、その子イエス・キリスト、そして聖霊の三つは一体である」という教えに由来しています。

　最後に、グレゴリオ聖歌の目的のひとつは宗教統一です。要するにみんなに同じ方向を向いてほしい。例えば8世紀から10世紀の初頭、カロリング朝の時代。強大な力を持ったカール大帝は文化の整備と宗教統一を試み、教育に力を入れ、グレゴリオ聖歌を礼拝のための標準として推進したといいます。音楽に込めたメッセージに積極的に耳を傾けてもらう必要があり、そのためには何が必要かといえば、音楽の心地よさでした。グレゴリオ聖歌は「どういう音が心地いいのか」という感覚に基づき、さまざまなバリエーションが作られました。そのバリエーションのパターンは教会旋法と呼ばれており、グレゴリオ聖歌が音楽的な視点から革新的といえるポイントです。

体系化の誤解

　教会旋法が発展していく流れで、単旋律に色みを加えるオルガヌムという合唱法が出てきました。

　曲の始まりと終わりではユニゾンで歌うのですが、その後は第一声が旋律を歌い、第二声がその完全4度または完全5度上を歌うというものです。いわゆる"ハモリ"ですが、当時はまだ和声や和音という言葉も概念もありません。基本的には譜面には第一声のみが記され、第二声は耳で聞いて即興で合わせるというものでした。宗教音楽や世俗音楽の両方で用いられ、前述した即興音楽のルーツとなっています。

　オルガヌムは時代とともに理論化され体系化されていき、895年に刊行されたとする理論書『ムジカ・エンキリアディス（Musica enchiriadis／「音楽提要」や「音楽の手引き」と訳される）』では主旋律以外も記譜されるようになっています。

　ここでの重要な気付きは、心地よさが体系化されているということは、すなわち即興演奏とは（思いつきではなく）理論に基づいて行うものだということです。一見すると相反するようですが、理論なくして原始的な即興演奏であるオルガヌムを表現することはできないのです。

これは、人間が聴覚的に心地よく感じる音の重なりが実践から体系化されていった過程ともいえます。

　私たちは「体系化されているものから心地よいものが生まれる」と考えがちですが、多くの場合においては逆です。ビジネスも同じで、体系化されてきたものはこれまで、5 ForcesやSWOT分析など、本当に数多くありました。

　しかしそれらをじっと眺めていても、新しいビジネスは出てきません。そうではなく、音楽のように自分が心地よいと感じるものを体系化していく。それがこれからの時代に求められる発想法なのです。

　ドイツの哲学者ニコライ・ハルトマンによれば「人間はまったくの自由ではない」といいます。人間はある行為Aから次の行為Bへ移るときに選択や決断を強制されているが、一方でどういう選択や決断をするかは自由であり、それらの自由は状況による束縛や拘束と両立し得ると説きました。

　ニコライのいう自由の定義のように、音楽における自由も束縛や拘束と両立しています。これは私の解釈ですが、グレゴリオ聖歌における束縛と拘束とは理論であり、選択や決断を決めつけないために、当初はオレガヌムの記譜を避けたのかもしれません。

4 音楽のもうひとつの側面 音楽と産業I

ハードウェアとメディアと音楽の進化

音楽の起源を辿るのは一休みして、別の観点から音楽の歴史を振り返ってみましょう。

その観点とはハードウェア（メディア）とその周辺の出来事についてです。音楽の歴史はハードウェアの進化が起こした革命の歴史でもあります。また音楽が産業として成熟していく過程でもあり、ビジネスのヒントもちりばめられています。音楽においてもっとも重要なハードウェアは楽器であることも、忘れてはなりません。

まずは世界最古の音楽として紹介した『セイキロスの墓碑銘』から始めましょう。

先述の通り音階が刻まれた石ですが、音楽を残す・伝えるという意味では楽譜であるともいえます。最古の音楽メディアの誕生です。

かつて楽譜などは存在せず、全ての音楽は見て覚える、聞いて覚える口承口伝のものでした。これの何が問題かというと、直接会わないと教えられない、教わることができないということです。

一方で石（楽譜）さえあれば、極端にいえば全世界の人がコピーできるようになります。そういう意味で、楽譜とはシンプルかつストレートな究極の音楽メディアだということができます。

楽譜に続いて音楽に大きなインパクトを与えたメディアが蓄音媒体です。楽譜も記録メディアですが、蓄音媒体は音そのものを記録するため音楽との接し方を変えてしまいます。

アナログが価値になる

　1877年、エジソンが開発した蓄音機。それまではライブで演奏を聴くほかに音楽を聴く手段がありませんでしたが、蓄音機の登場により、その場にいなくとも音楽を聴くことができるようになりました。音楽の楽しみ方が同期から非同期へと変わったのです。同時に音楽の一般大衆化が進みました。

　その後1948年にコロムビア・レコード（当時）が、世界で初めて市販のLPレコードを出しました。それまでも円筒形猟官や円盤でもレコードは出ていましたが、広く普及したのがこのタイミングでした。

　蓄音機は非常に大きいので運搬や設置が困難で、加えて機械部品の故障や専門家によるメンテナンスも必要で、操作自体が難しかったのです。また、蓄音機はアナログ技術を使用し、音質に制約がありました。音の高音質再生には限界があり、ノイズやスクラッチ（こすれる音）が生じることがよくありました。
　しかし、レコードは比較的コンパクトで再生が容易でした。手頃な価格で、幅広いアーティストの楽曲を手軽に聴くことが可能になりました。音楽がひとつの産業になっていくのもこのころです。

　レコードが普及したということは周辺機器もビジネスになってきます。つまりレコードプレーヤーやスピーカーアンプ、針なども売れるようになりました。それまで音楽市場といえば演奏する人と歌う人、楽器だけだったのが、新しい製品やビジネスチャンスが生まれてきたのです。

第 3 章

官能から生まれたアートの基礎

　そして1960年代にカセットテープが登場します。レコードは特殊な機器でプレスしないとコピーできなかったのが、カセットテープは取り扱いがとても簡単でした。今考えると不便なところも多かったのですが、自分だけのプレイリストを作ったり、ラジオを録音したりするあのワクワクを最近あまり感じていないな、と一抹の寂しさも覚えます。ただ近年、若い世代を中心にカセットテープが売れているそうです。もしかしたら独特のアナログ体験が、彼らにとっては新しく感じられるのかもしれません。

　最近では、カセットテープだけではなく、レコードなど古めかしくて手間がかかる（けどなんだかかっこいい）ハードウェアが若い世代を中心に流行しています。

　なぜ今、アナログなハードウェアなのでしょうか。少なくとも音質の良さで選ばれているわけではなさそうです。音質だけでいえばハイレゾリューションオーディオのほうが断然良い。恐らくその理由は、ヴィンテージ感など見た目の魅力に加え、歴史と伝統というデジタル化と対照的な経験が斬新で魅力的に映るからだと思います。また、レコードやカセットテープはユニークな形をしており、アートワークやパッケージにもアートとしての価値を見出すことができます。

　音楽の再生はデジタルよりも手間がかかる手作業で、その手触り感が若者にとっては新鮮で豊かな体験なのです。また、古いメディアは音楽探求の新たな手段として、過去の音楽文化との接触や同じ趣味を持つ人たちとのコミュニティ形成といった機会を創出しています。

　総じて、アナログメディアは新たな視点から音楽を楽しむ手段として受け入れられているのでしょう。

日本が誇る最大のヒット作

　さて、レコードからカセットテープときて、ついに音楽の楽しみ方の革命といっても過言ではないハードウェアが登場します。SONYのウォークマンです。ウォークマンは通勤、ジョギング、旅行など日常の中で音楽を楽しむ新しい手段となり、音楽をパーソナルでポータブルなものにしてくれました。

　カセットの販売数増加など、産業界にも大きなインパクトをもたらし、その後のデジタル音楽プレーヤーの登場にも影響を与え、音楽のデジタル化と携帯性の進化を先導した存在といえます。ウォークマンの登場は人々のライフスタイルまでも変えた、世界中の音楽産業界におけるひとつのターニングポイントといえるでしょう。

　レコードやカセットテープが登場して以降、音楽は家で聴くものでした。だから機器は大きい方が正義でしたし、その方が低音もしっかりと出る。それを外で聴くなんて、当時は考えられないことでした。

　しかし、その登場以降の大ヒットはご存じの通りです。ウォークマンがなければiPodもなかったでしょうし、私たちの音楽の聴き方も今とは全く別なものになっていたと思います。

　ウォークマンの誕生秘話は諸説ありますが、リリース前に反対意見が少なくなかったというのは本当のようです。そのような中でリリースしたのはデザイン思考でいうプロトタイプ。デザイン思考という言葉もなかった時代に、凄まじいことです。

　さらに驚くのが、ユーザーエクスペリエンス（使い手の使い勝手）も考えていたこと。外での音楽の聴き方など誰も知らなかった時代です。それを「イヤホンを2つつけられる」「会話できるマイクをつける」など、使い心地の良さを想像した機能が満載でした。そういうところに当時のSONYの強さがあったのではないかと思います。

初代のウォークマン
Photo by Getty Images

デジタルメディアの登場

　レコードやカセットテープが普及してくると、音楽産業に大きく影響を与えたビジネスが登場します。今でいうシェアリングの走りとなる、レンタルショップです。

　音楽をカセットテープでコピーするにしても誰かがオリジナルのレコード（音源）を持っていないとできなかったのですが、レンタルショップが出てきたことでそもそも買う必要がなくなりました。当時の学生などにはすごく重宝がられたのですが、音楽をやる側からするとたまったものではありません。このあたりから、メディアの価値が下がっていったように思います。

　メディアは次第にデジタルに移り変わっていきます。1982年、ビリー・ジョエル6作目のアルバム『ニューヨーク52番街』（原題: 52nd Street）が収められた初のCompact Disc（CD）が登場します。モノ消費からコト消費に移り変わっていくのもこのあたりからです。

　それまではモノを持っていることがステータスでした。レコードもウォークマンも、ハードにこそ価値があった。しかしレンタルやコピー技術が出てくるにつれて、価値の軸足がコンテンツや体験へと変わっていきました。その流れで出てきたのがストリーミングです。

　かつてはレコードやCDを何枚持っているか、iPodに何曲入っているかが大事でした。しかしストリーミングは、インターネット上に存在する曲を聴けるため手元の機器に何曲入っているかの数は意味をなさなくなります。ストリーミングサービスで提供される楽曲は、一生かけても聴ききれないほどあります。まさに所有から利用へ、モノからコトへのシフトです。

所有から利用への変革

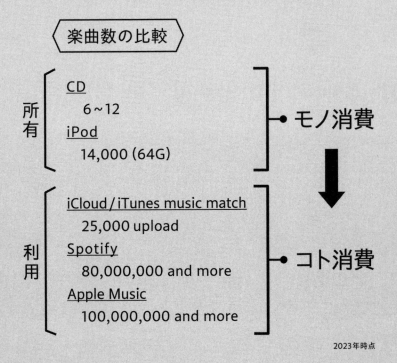

楽曲数の比較

所有
- CD
  6~12
- iPod
  14,000 (64G)

→ モノ消費

利用
- iCloud/iTunes music match
  25,000 upload
- Spotify
  80,000,000 and more
- Apple Music
  100,000,000 and more

→ コト消費

2023年時点

そして今度は「新たな体験をどう与えるか」というのがポイントになってきます。

　例えばストリーミングについているシャッフル機能は、入れた曲や聴きたい曲ではなくUnexpectな（予期していない）曲が流れてくる。新しい音楽体験（聴き方）を享受できるか否かがサービスを利用する際のポイントになってきました。そうして出てきたのがSpotifyです。

　Spotifyはサブスクリプションモデルを確立させ、音楽の体験のみならず、産業構造を変えました。音楽のデジタル化と楽しみ方を新たな次元に引き上げたのです。ユーザーは数千万曲の中から自分の好みに合った音楽をオンデマンドで聴けるため、楽曲の購入やダウンロードの必要もありません。

　Spotifyの恩恵はユーザーだけでなく、アーティストにとっても音楽の普及と新たな収益源という面でありました。また、音楽の共有が容易になったことで新たな才能が発見されやすくなったという側面もあります。さらにSpotifyは音楽の違法ダウンロードを減少させ、結果として音楽産業の成長を支えました。

　ただ、Spotifyのビジネスモデルにはアーティストへの収益分配に関する議論もあり、業界の公平性が問題視された時代もありましたが、今ではスタンダードなビジネスモデルになっています。現代の音楽業界に多大に貢献したことは明らかです。

　実はSpotify以前にもストリーミングサービスが存在していました。2000年にアメリカでスタートしたPandoraというサービスです。AIによって曲がレコメンデーション（おすすめ）され、再生されるというもの。今となっては当たり前にあるサービスですが、当時は非常に画期的でした。

お金がかからない Freemium、定額のサブスクの登場

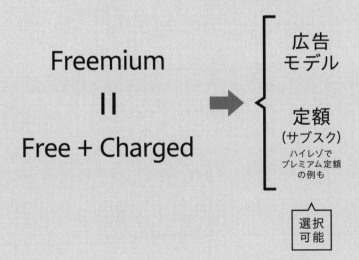

新しいコンテンツ体験の提供　Netflix

　音楽からは離れますが、新しい体験の文脈でいうとNetflixはとても革新的で参考になります。元々テレビでは、コンテンツは視聴者が発信する側（テレビ局）の予定に合わせて鑑賞するのが普通でした。

　「何曜日の何時何分に番組を放映する」と視聴者に伝えて、予定を組んでもらう。ところがNetflix創始者のひとりであるリード・ヘイスティングスは違いました。もっと視聴者に主導権があってもいいのではないか、と考えたのです。そこで実施したのが連続ドラマやアニメコンテンツの一斉配信でした。

　人気コンテンツを初回から最終回まで一気に配信してしまったら、ファンは期間をかけず見終わってしまうでしょう。サブスクリプションのサービスは継続的かつ長期的に利用されることが基本のため、ビジネスモデルに逆行しているようにも思えます。

　ところがヘイスティングスは「楽しみ方は視聴者のものだ」と考えました。結果、Netflixが全世界で広まっているのはご存じのとおりです。

　それから彼らはオリジナルコンテンツの制作に乗り出します。これがまた次々と大ヒット。その成功の背景には、彼らが長年培ってきたノウハウがあったのです。

　Netflixは元々レンタルDVD屋としてスタートしました。日本のかつてのレンタルショップとの違いはDVDを郵送でやりとりするモデルという点で、治安が不安定なアメリカならではといえます。とはいえ郵送のやりとりは手間も時間もかかるから、借りる側からすると作

品選びで失敗したくありません。貸す側からしても、失敗されて離れてほしくない。「どうやったら顧客が満足するものを提供できるか」と考えて始めたのがビッグデータ解析による“レコメンド機能”です。

　データ解析と利用者へのレコメンドが現在のNetflixのコンテンツ選びにも活きているのですが、そのうちに「このデータがあれば、視聴者の求めるコンテンツを自分たちでも作れるのでは？」と気付きます。そうして始まったのがデータ解析を活用したNetflixのオリジナルコンテンツです。

　データ解析でコンテンツづくりと聞くと、どうもシステマチックでつまらなそうに思えます。しかし、Netflixのオリジナルコンテンツには、既存の大手メディアにはあまり見られない尖った魅力的な作品が数多くあります。視聴者の求めるアウトローやアウトサイダー、デリケートな問題、タブーなど、既存メディアやテレビの地上波にはないテーマの作品が盛りだくさんです。

　多額の制作予算で話題になった『ハウス・オブ・カード 野望の階段』はホワイトハウスを舞台に陰謀や裏切りといったテーマが反響を呼びました。アカデミー俳優であるケヴィン・スペイシーをドラマに登用したことも当時は驚きでした。

　この強烈なオリジナルコンテンツこそが、Netflixというコンテンツのプラットフォームの特性を存分に活かした最大の武器といえます。

モノ消費のリバイバル

　映像作品や音楽において、モノ消費からコト消費（新たな体験の提供）に変わっていったのは紛れもない事実です。

　しかし、この流れから**「コト消費を起点にビジネスを考えましょう」というのも少し違う**と感じています。モノ消費に可能性を感じているのです。

　ただ、コト消費からモノ消費に引き戻すには、検討しなければならない点がいくつかあります。まずは持続可能社会の実現という観点を無視することはできません。

　モノの品質と耐久性の見直しと、環境配慮の観点から廃棄物を減らす、もしくは資源循環に貢献するモノの選択が奨励されるべきだと考えます。さらに、段階的に所有から共有への転換を進め、共有経済プラットフォームやサービスを促進することで、資源の無駄な消費を削減することが重要です。

　消費者の意識向上も欠かせません。持続可能な消費行動とはどのようなものかといった情報を得ることで、消費者自身の意思で選択できるようになるはずです。政策や制度の後押しも必要で、従来の消費モデルを見直し、持続可能なライフスタイルを促進するために政府や業界団体が協力することが、モノ消費への移行には重要です。

　しかし、全てコトからモノに移行せよというわけではありません。若い人たちに、いいモノの価値を知ってほしい。買い物をするときのドキドキや気持ちよさ、憧れのモノを手にしたときの高揚感を体験してほしい。

第 **3** 章
官能から生まれたアートの基礎

　現代はモノで溢れている割に"欲しい"と思えるものがない。だから若い人の多くは、"やりたいこと"として社会貢献に流れていく。それ自体はとても素晴らしいことですが、やはり欲しいモノを手に入れるのは気持ちのいいことだと知ってほしい。

　私自身がそういったことを経験しモノの価値を知ることができたから、若い人たちにも経験を提供してあげたいと思うのです。その上で判断するのは彼らです。

　一方でこれからのサービスを考えるときは、やはり「新しい体験の提供」を意識しなければなりません。

　「面白い、また体験したい」と思わせる感動を提供できるか。それがサービスの価値です。その時に大切なのがユーザーエクスペリエンスやカスタマーエクスペリエンス（顧客体験）を自分ごととして共感して評価できるかです。

　「市場が大きいから」「流行りだから」だけで考えるのではなく、顧客が朝起きてから夜寝るまでのどこでサービスとの接点を持って、どこで欲しくなるのかといったカスタマージャーニーや、手に入れたあとにどうやってまわりに自慢をするのかまでを考えてサービス設計しなければなりません。

　そこで大切なのが、いかに自由に発想できるかです。

自由に発想するための備え

　本章で触れた音楽の歴史やハードウェアの移り変わりから知っていただきたいのは、一連の進化・変化は**決して連続性があったわけではない**ということです。

　「もっといいものを作りたい」というトライ＆エラーの連続です。逆風もあったはずで、レンタルショップやストリーミングサービスなど、出てきた当初は既存の産業から反発を喰らっています。SONYのウォークマンは社内でも反対の声があがりました。出てきては消えていったビジネスやサービスなど星の数ほどあります。

　しかし、やはり「面白そうならやってしまえ」の精神が数々のビジネスの根底にあったはずなのです。だから自身のビジネスにおいても同調圧力やまわりの声に屈せず、自信を持って感性に従ってほしいと思っています。

　ただここで「だから心を強く持とう」というメッセージで締めるのも安易で無責任です。同調圧力やまわりの声に惑わされないための、具体的な備えをお伝えします。

　それは**データを用意しておくこと**です。

　過去の事例や市場動向、競合分析などによるデータ収集、すなわちMBA的なフレームワークを活用して客観的な情報を集めるのです。データは使い方が肝心で、データありきで何かを導き出すのではなく、まずは自分がやりたいと思ったことを突き詰める。そこに価値や市場、ニーズがあるかを把握し周囲への説得力を持たせるためにデー

タを駆使します。

　データは客観的な事実であるため説得力があるので、自分の「やりたい！」を主張するときの裏付けとして用いるのが正しい活用方法であり、必要な備えなのです。

COLUMN 3
市場は誰が作る？

　高名な経営学者であるピーター・ドラッカーは「市場は神や自然ではなく、事業家によって作られる」と言いました。経営学の父が言うのですから、正しいように思えます。

　しかし、本当にそうなのでしょうか？　このような社会通念に疑問を持つことがイノベーションの起点になります。

　12音階の基礎となったピタゴラス音律はピタゴラスによって発見されましたが、平均律を見つけたのも数学者でした。ピタゴラス音律は、音の振動や周波数に基づいて音程を理論的に解明し、整数比を用いて調和の法則を確立した理論です。

　しかし、これには問題がありました。調性という概念が生まれ、異なる調で演奏する際に音程が矛盾することがあったのです。

　この問題を解決するために、純正律が発展しました。純正律は、音楽の調和をより正確に表現するために、異なる調に合わせて調整された音律です。しかし、純正律には調ごとに微妙な違いがあり、演奏や作曲が困難になることがありました。

純正律の課題を克服するために発展したのが平均律です。平均律は12の平等な半音階を持つ体系で、全ての調で音程が均等に分布されることで異なる調に移行しやすくなりました。

　これは調性の変更を容易にし、多くの楽器と音楽の演奏を可能にし、西洋音楽の発展に大きく貢献しました。平均律は現代の音楽の基盤となっており、一般的に使用されています。
　音楽の調和に対するたゆまぬ努力と変革が現在の音楽を創造する基礎となる平均律を生み出したのです。

　音楽は音楽家が作るものですが、音楽のルールを作ったのは数学者という歴史的事実を踏まえてドラッカーの言葉について考えてみると、いかがでしょうか？

第4章

偉人に学ぶ、
概念の壊し方

優秀な芸術家は模倣し、
偉大な芸術家は盗む。

Good artists copy, great artists steal.

Pablo Picasso パブロ・ピカソ

1

イノベーションを起こす 3つのアクション

偉人・巨人はなぜ法則にこだわるか？

　アートという言葉には「感性」という響きが含まれています。内面の感覚を呼び覚まし、常識にとらわれない自由な発想で創り出される表現物。または単に奇抜なものをアートだとする風潮が少なからずあります。しかしこの風潮は錯覚もしくは幻想であり、クリエイティブな発想法から遠ざかってしまう原因でもあります。

　例えばいきなり見慣れない楽器を手渡されて「好きに弾いてみて」と言われても何もできないでしょう。私なら、突然画用紙とペンを渡されて「絵で自分を表現してみよう！」とか言われても、恥ずかしくて何も描けません。

　これまでに説明してきた通り、音楽における自由な表現の象徴である即興演奏とは、体系化された理論が背景にある創造物です。これは音楽だけではなくあらゆる芸術にいえることだと思いますが、**創造性とは体系化された理論なしに存在することは難しい**でしょう。
　自分を表現するには感性やセンスなどではなく、過去を知ってロジックを身に付けることが重要だということです。

　アートにおいて理論と創造性は相互補完的な関係にあります。先にもお伝えしましたが、理論は芸術の基盤であり、規則や概念、技術、歴史的文脈などを包括するものです。創造性はアーティストが新しいアイデアや表現を生み出す源泉です。理論は土台、創造性が設計図、出来上がったアートが建物と例えられるのではないでしょうか。

第**4**章

偉人に学ぶ、概念の壊し方

　理論は創造性を支え、深化させる役割を果たし、創造性によってアーティストは自分のビジョンをより意識的に構築し、表現を通じて他者と共有できるようになります。それぞれのバランスが芸術の進化に寄与していると言えるでしょう。

　ビジネスにも同じことがいえます。

　ビジネスの文脈における「体系化された理論」とは、すでに確立されて一般的となった経営学や経済学の理論のことを指します。または法則やルール、過去の事例のことです。

　イノベーションを起こすには、過去を知り、身に付けることが基本です。ビジネスにおいては「戦略」「経済的持続性」「市場への適応力」の3つが重視され、これらは理論的な枠組みを用いることで効率的なプロセスを構築できます。

　また、クリエイティブな創造性は新しいアイデアや革新的なアプローチを生み出し、ビジネスに新たな価値や競争力をもたらします。理論はクリエイティブなアイデアの土壌であり、アイデアを実現可能性が高い計画に変えてくれます。ビジネスの成功はアートと同様にクリエイティブなアプローチと理論的な洞察の調和が鍵となるのです。

　第2章ではイノベーションを阻害する要素について話しましたが、ここでは、イノベーションを起こすための具体的なアクションについて述べていきます。

アクション①見て盗み、習得する

　音楽や絵画、美術作品など、偉大な作品やアーティストは古今東西、数知れず存在します。偉大なアーティストたちはそれぞれが皆、独自の世界観を持ち、ひたすらに自分の中から湧き出るものを表現しているというイメージがありませんか？

　もうおわかりかもしれませんが、半分合っていて半分は間違いです。自分の表現欲や衝動に従っているという意味では正解なのですが、偉大なアーティストは他のアーティストや作品の良いところをある意味で盗んでいるのです。

　パブロ・ピカソは「優秀な芸術家は模倣し、偉大な芸術家は盗む」と述べ、他のアーティストや作品、異なる芸術様式から得たインスピレーションを自身の作品に柔軟に取り入れました。ピカソは伝統的な美的規範に挑戦するかのように、独自のアプローチを発展させました。彼の作品は独自性と独創性を持ちながらも、過去の芸術作品との連続性が見てとれます。

　デヴィッド・ボウイも「鑑賞する音楽は盗めるものがある作品だけだ」と発言しています。表現者は他のアーティストや作品から影響を受け、それを自身の創作に取り入れるべきだと主張しているのです。この言葉は、芸術とは過去との連続的な対話とイノベーションの産物であり、模倣や借用が芸術の進歩には不可欠であることを示しています。

　ほかにも芸術界の巨人たちは同様のスタンスを持っていました。

　例えば作曲家のイーゴリ・ストラヴィンスキー。彼は伝統的な規範を重んじながらも革新的な作品を生み出すことで知られています。数

ある作品の中でも、バレエ音楽『**春の祭典**』は、既存の音楽様式を破壊的に変革させ、新しい様式を築いた代表作のひとつです。

　ストラヴィンスキーにとって「盗む」行為は創造性の一部であり、異なる音楽の要素やスタイルを結合させ、独自の作品を生み出すための手段だったのです。

　言い方を変えれば、ビジネスにおいて盗まれないようなアイデアはダメだといえるでしょう。つまり、ビジネスの競争環境でアイデアやベストプラクティス、成功事例を「盗む」ことは、市場での競争力を向上させる一因になります。

　しかし、その過程で独自性や付加価値を持たせることが大切で、盗むだけでなく改良しなければなりません。「盗む」ことは市場のトレンドを把握することで成功するための洞察を得て、革新的なソリューションを生み出す手段です。

　ビジネスにおいては、他者の成功から学び、それを自身の戦略に取り入れることで、競争力を維持し、新たな価値を創造することができるようになります。逆に他者のプレゼンを聞くときは「何か盗んでやろう」と全身全霊を傾ける。どういうところに盗む価値があるのかという基準は人それぞれですが、ポイントは**感動**にあると思っています。

感動とはすなわち、特定の刺激や経験から生じる個人の感情や共鳴です。美しい芸術作品、運命的なストーリー、励ましの言葉、印象的な出来事など、感動はさまざまな状況から生まれますが、個人の経験やバックグラウンドによって要因は異なり、感動の源は極めて主観的で多様です。

　また、感動は過去と未来の両方に影響を及ぼし、個人や社会の成長と進化を促進するものだと思います。過去の感動的な経験は個人のアイデンティティを形成し、自己肯定感や自信を高めます。また、感動的な瞬間は未来の成長の機会となります。

　そして感動的な経験は新たな目標やプロジェクトの着想源となり、未来の創造性や希望、情熱を育む要因にもなります。

　ジャンルを問わず、イノベーティブでしかも人を魅了する新しい作品（ビジネスならサービスや商品）は、どこか懐かしさを感じます。私はそれを**「新しい過去、懐かしい未来」**と呼んでいます。

　感動でなくとも、喜怒哀楽を引き起こすような強い「何か」がないかひたむきに探してみる。これがポイントです。

アクション②多角的な視点と発想を持つ

「目に見えるものだけが全てではない」とは使い古された台詞ですが、アートの世界、とりわけ音楽と絵画においてはこれがとても大きなテーマでした。

当たり前ですが物体には裏側があり、見えない部分があります。正面が見えているということは、裏側は見えていない。

それを表現しようとしたのがピカソらが創始させた有名なキュビズムです。キュビズムについては後に詳しく見ていきます。

また、音楽においてもハーモニーが誕生したのは視点を変えたことがきっかけです。すなわち、それまで譜面上では横の動きの視点→であるメロディだけだったものが、縦の動きの視点↓である「音の重なり」が意識されるようになったのです。

視点を変えることはアーティスト思考の体現における重要なアクションです。

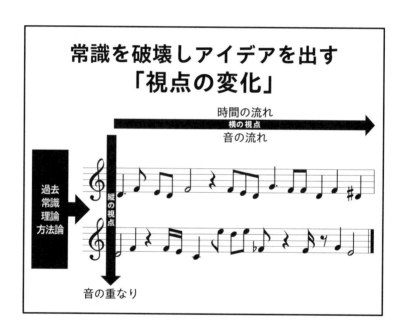

アクション③発想の回帰をする〜 2 つの思考態度〜

　スタンフォード大学心理学教授であるキャロル・S・ドゥエック
は、著書『MINDSET（邦題：マインドセット「やればできる！」の研究）』
において、人間には 2 つの思考態度（マインドセット）があると主張
しました。それは固定化する「硬直マインドセット」と、成長す
る「しなやかマインドセット」の 2 つです。

　「硬直」は自分を良く見せようとするがあまりに挑戦を避け、早々
に諦めてしまうという相対評価的な思考のことです。
　「しなやか」は学びたいという欲求から進んで挑戦し、努力も熟練
への通過点であるという絶対評価的な思考です。この 2 つのうち「し
なやか」な思考態度をとるべきなのは、いわずもがなでしょう。

　しかし、そのためには具体的にどうすればいいのでしょうか。そも
そもなぜ「硬直」に陥ってしまうのか。それは、周囲からの価値観の
押し付けが原因なのです。

　昨今の大学生が就職したい会社はどういうところかご存じでしょう
か。さまざまな会社が独自の調査を行っているので結果はマチマチで
すが、どのランキングでもだいたい挙がってくるのが大手商社、大手
金融、大手メーカー等々……これらは、私が学生だったころの就職人
気ランキングと変わらない状況です。

この話を聞いたとき、少しゾッとしました。こんな結果になる背景には、親からの「大企業に就職しなさい」というアンコンシャス・バイアス（無意識の思い込みや偏見）があるのです。

　もちろん、親がすすめるようなところであればどの会社もある程度以上素晴らしいことは間違いありません。しかし、本人の「なぜその会社に就職したいか」がないのです。まわりの声や圧力による無意識の刷り込みで決めてしまっているのです。
　一方で、本当に自分がやりたいことはなかなか見つからないものですが、実は、見つけるためのヒントがあるのです。それは子どもの頃の夢です。

　子どもの頃は、生きているだけで夢を持っていたと思います。ヒーローになりたい、アイドルになりたい、宇宙飛行士になりたい……誰にでもある子どもの時分に、みんな色々な夢を持っていたはずです。

　私は『仮面ライダー』を観ていて、自分もヒーローになるものだと思っていました。しかし現実問題を考え、「怪人を倒すのに家を抜け出したら親に怒られるかも」とか「ご飯の時間をどうしよう」と悩んで諦めました。

　今では笑い話ですが当時は真剣でしたし、同じようにいつのまにか夢を諦めた人は世の中にたくさんいるはずです。
　でも子どもの頃の夢、要するに「あれをやりたい」「これになりたい」という衝動はとても純粋です。そこに新規事業やイノベーションの源泉があります。

第4章

偉人に学ぶ、概念の壊し方

　子どもの頃に憧れたヒトやコト、モノを思い出して、なぜ好きだったのかを考えてみましょう。そしてそのキーワードをリスト化してみる。そうすると当時のフラットな気持ちに戻ることができます。これがイノベーションのアクション③です。

　子どもの発想に回帰することの重要性は、多くのアーティストが述べています。「子どもは誰でも芸術家だ。問題は、大人になって芸術家でいられるかだ」とはピカソの言葉です。

2 時間の流れを捉える視点を持て

どうやって裏側を見るか

　これまでにピカソの言葉をいくつか引用しました。彼は偉大な芸術家であり、かつ、とてもアーティスト思考的な人物のため、深掘りをしていきます。高い技術や数多くの作品はもちろんですが、発想が他のどのアーティストと比較しても、ずば抜けています。その代表が独特のスタイルであるキュビズムです。

　キュビズムとはCUBE＋ismの造語で、フランスの画家ポール・セザンヌの「自然物は円筒形と球と円錐形で構成される」という思想にインスパイアされ、ピカソと、彼と同時期の画家ジョルジュ・ブラックによって確立された絵画手法のひとつです。事物を幾何学的な形状で多角的に捉え、遠近法を無視するスタイルで、立体的な対象を平面上に表現しました。

　この手法は産業革命やテクノロジーの進歩にみられる物質文明の複雑性を表現するものです。説明するより作品を見ていただいたほうが早いのですが、ピカソの後期の作品やブラックの作品で使われており、目や口、耳が変なところにある人物が描かれています。ブラックはクラリネットなどの楽器をよく描いたのですが、全く原型をとどめていません。とても特徴的です。
　それではなぜこのような手法が生まれたのか？　ここがポイントです。

　キュビズムは、「目に見えているものだけを表現するのは違うのではないか」という発想に起因しています。例えば人をモチーフに絵を描くとき、正面が見えているということは裏側は見えていないという

ことです。しかし見えていないだけで裏側は存在しているわけで、そこも描く。さらには本来目に映らないものまでも絵で表現する。

　例えば人物画ならば、モチーフとなる人の性格——表では綺麗なことを言っていても、裏でなにをやっているかまではわからない——など目には映るはずがないものを表現する手法として生まれたのが、キュビズムなのです。

　いずれの作品も抽象的かつ形式的であり、鑑賞者にモチーフを新しい視点で捉えさせることで、現実の再解釈を促しました。さらにピカソの独自性は、ここに時間の流れを取り入れたことです。
　彼は視覚だけではなく時間とともに変化していく事象を絵で表現しました。人物画ならば、絵のモデルがそこにいない時間も絵で表現する。

　考えてみれば「絵に異なる時間の感覚を取り入れてはいけない」という決まりもルールもありません。彼はその概念を見事に壊して、全く新しい表現方法を確立しました。
　時間経過の感覚は、事業を構想するにあたって必要不可欠な要素になってきます。

Pablo Picasso with One of His Works
© 2024 - Succession Pablo Picasso - BCF (JAPAN)
Photo by Getty Images

落書きができない天才

　ピカソについて、有名なエピソードをもうひとつ。

　彼は5歳のころから非常に精緻な絵を描き、大人顔負けの超・リアルなデッサンを描く天才といわれていたことは有名です。

　ピカソといえば『ゲルニカ』のような抽象的な作品の印象が強いアーティストです。『ゲルニカ』はスペイン内戦時の1937年に制作された、バスク地方の町ゲルニカへの航空襲撃に抗議する作品です。

　戦争と暴力と破壊、それらの悲惨さを抽象的に表現したその独自の表現は、アートを理解しない人の中には「自分でも描ける」と冗談で言う人もいるくらい斬新なものです。しかし、ピカソは子どもの頃から驚くほど写実的な絵を描くことができた、たぐいまれな能力を持つ天才画家だったのです。

　ただ、このことがピカソを悩ませていました。子どものように純粋に心がおもむくままの自然な絵を描くことができなかった。前述した「子どもは誰でも芸術家だ。」という言葉の続きには「ラファエロの絵は数年で描けたが、子どもの絵を描くのは一生かかるだろう」とあります。それで彼は生涯をかけて子どもが描く絵を追求して、晩年にようやく求めていた絵を描けるようになったといいます。

　普通とはまるで逆のパターンです。ほとんどの人は子どもの頃にルールやセオリーの無い絵を描き、大人になるにつれて写実的・技術的な絵に近づくものです。

　このエピソードはピカソの天才性を表していますし、過去・現在・未来そして直感という独自の視点を持っていることが、キュビズムという美術界の革命を起こした要因ではないかと思います。

キュビズムの影響力は絵画の世界にとどまりませんでした。音楽にも多大なインパクトを与えたエピソードをご紹介します。私が敬愛するギタリストのひとりであるパット・メセニーについてです。ピカソときて、次はいきなりギタリスト？と思うかもしれませんが、２人は時空を超えためぐり逢いを果たします。

　パット・メセニーといえばその道では知らない人がいない、グラミー賞を多数回受賞しているレジェンドのギタリストでありアーティストです。彼が愛用している「ピカソ・ギター」という奇抜なギターがあります。

　120ページを見ていただければおわかりだと思いますが、とにかく類を見ない異質なデザインです。明らかにピカソのキュビズムにインスピレーションを受けて作られたことが見てとれます。方々に複数のネックが伸び、それぞれの弦が重なり合い、しまいにはボディボトム（本体の丸みを帯びた部分）にはハープがついています。なんとトータル42本もの弦が張られた、阿修羅像のようなギターです。

　ピカソ・ギターは抽象芸術と音楽の融合を象徴し、芸術と音楽の境界を模糊にしています。その非伝統的な形状は視覚的にも驚きを与えてくれて、伝統的な楽器を新たなアートフォームとして 再定義することで、音楽と視覚芸術を結びつけています。

　ピカソ・ギターはアーティストとしての 創造性と冒険精神を示した実験と革新の象徴であるといえるでしょう。メセニーが自分用に特注でオーダーして、腕利きの職人リンダ・マーサに作らせた特別な意味をもつ作品です。まさにどこにも存在しない世界でひとつの楽器。も

ちろん弾き方は誰も知りません。しかし、彼は自ら奏法を編み出し、度々自分の公演で弾いています。その演奏は進化し続けています。

　メセニーとピカソ・ギターの関係は、音楽と視覚芸術の交差点のようです。メセニーはジャズギタリストとして知られ、その音楽的アプローチは抽象的かつ実験的でありながら、非常に豊かな音楽体験と感動を提供してくれます。ピカソ・ギターは、その非伝統的な形状は演奏家に視覚的な刺激を提供します。パット・メセニーの音楽とピカソ・ギターは、音楽と芸術の実験的な融合、そして創造性の探求を反映した、新しい次元の芸術表現を開拓した傑作といえます。

　YouTubeなどでも演奏の様子を見ることができますが、想像をはるかに超える圧倒的な演奏とはまさにこのことです。天才たちの発想と技法のぶつかり合いで、さらに異次元の表現が生まれる。アートは本当に素晴らしいと、心から思います。

ピカソギター
資料を参考に作成

ビジネスにピカソの視点を　ビジネスキュビズム

　キュビズムの凄さは伝わったと思いますが、ではどうやってビジネスに活かすのでしょうか。その答えは、皆さんそれぞれで創造し構築していただきたいのですが、一例として私の考えるビジネスへの活用をお示しします。本書では偉大なアーティストの発想や行動をヒントにしてビジネスを加速させる技術をいくつか紹介していきます。

　例えばMBAでよく使われるSWOTや5Forces、3Cなどのフレームワークがありますが、それらに「視点」「時間」という奥行きを持たせてみます。するとなにが起こるか実験してみて下さい。

　SWOTで強みを分析するにしても、今現在の強みだけを見るのではなく、「その強みは未来においても同じく強みなのか？」や「過去にはどのような強みがあったのか」まで範囲を広げて考えられるようになります。私はこれを**ビジネスキュビズム**と呼んでいます。

　なぜ時間感覚を取り入れることが重要なのでしょうか。それは、ものの価値とは時の経過とともに変わっていくからです。世間では価値と思われていないことも、時間が経つことで価値とみなされるということはよくあります。視点を変えるのです。

　時間感覚だけではなく、価値観を別な視点で見てみると違うものが見えてきます。例えばトヨタ自動車の豊田章男会長は、脱炭素や電動化が求められる現代において、ガソリン車の魅力について公の場で熱く語っています。「ガソリン臭くて、音がいっぱい出る車が好きだ」と。車好きの私からするとシンプルにかっこいいスタンスだと 思います。

これがまさに価値の逆転で、車が好きな人から見ると「本当に車を愛している人がいる会社」となりトヨタ自動車自体の価値にもなります。自社サービスの強みや価値とは何なのかと考えるときは、まず多角的な視点で見ていくこと、そしてやはり自分が良いと思っているものを出すべきなのです。

　ビジネスでよくあるパターンは、表面的な自社の強みや弱みの分析をして、フレームワークを埋めることに徹してしまうことです。誠実に向き合い、妥協なく考えることが大事です。強みを書いたら見直してみて「角度を変えたらどうなんだろう、弱みはどうなんだろう、脅威って視点を変えても本当に脅威なのか？」と疑問を持つことです。
　脅威をよく見てみると実はチャンスだということは意外と多くあります。強みも弱みも角度を変えて、時間感覚を取り入れて眺めてみましょう。しかもその時に自分の感覚で見てみることが大事です。

　ここでやってはいけないのが過去の実績や事例を引っ張り出してくること。本書で繰り返し述べるように過去の実績や他社の事例はあくまで過去のものです。ビジネスも音楽も同じで、今こんなものが売れているからこれをやりましょうというデータありきではなく、自分の価値（＝自分が良いと感じるもの）はこれだ！と全面に出すほうが、結局よい結果が出ていることが多いです。

　かといって新しければいいかというとそうでもありません。やはり良いもの、価値を感じてもらえるものでないといけない。では具体的にはどういうものなのかというと、そのキーワードが**官能すなわち心地よさ**です。

ビジネスキュビズム

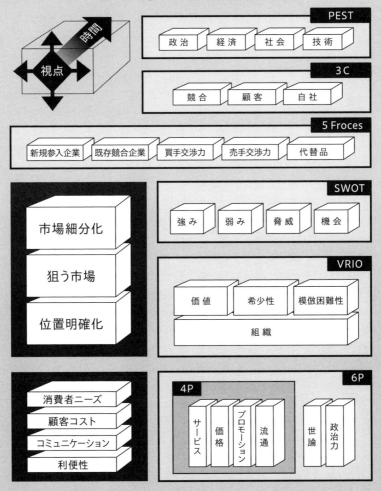

3 縦の視点の気付き
音楽の進化論 II

オルガヌム以降

　第3章で『グレゴリオ聖歌』を中心に、音楽の変化・進化の歴史を以下の流れで解説してきました。これまでは、ざっくりとですが次のような流れです。

- ■　ピタゴラスが12音階を体系化する。
- ■　グレゴリオ聖歌が教会旋法を用いる。
- ■　オルガヌムという複数の音の組み合わせが生まれてくる。
- ■　オルガヌムがさらに複雑化する。

　こうやってみると坦々と変化しているように見えますが、実際には何百年もかかっています。より美しくあるにはどうすればいいのか、より心地よいサウンドになるようには何を変えればいいのか、という人々の終わりのない思いが、このような変化をもたらしました。

　オルガヌムが複雑化して以降も、主旋律がメインであることに変わりありませんでした。主旋律を際立たせるために他の音はあり、だからこそ歌に込めたメッセージが伝わりやすかった。そんな折に大きな変化が訪れます。

第 **4** 章

偉人に学ぶ、概念の壊し方

音の民主化　対位法の成立

　主旋律が音楽の主役であったころ、主旋律に対して 4 音、5 音といった官能をさらに呼び起こす音の重なりが現れてきます。しかしある時点から流れが変わり、主旋律に対して主役とは程遠い存在であったもうひとつの旋律が力を持ち、対等な立場に近づいてきたのです。

　主旋律と、相対するメロディ（副旋律）をつくり、その両方のメロディにもっと力を持たせようというものでした。それが「対位法」と呼ばれるもので、13世紀ごろの話です。

　対位法とは、簡単にいうと 2 つのメロディでひとつの音楽を作り出すという手法です。それまでは音の主従関係があって、メインの主旋律がとにかく偉かった。それが主旋律と副旋律の両方が対等の力を持つようになります。従来とは発想が全く違うわけです。それが対位法の誕生で、そして対位法の巨匠といえばバッハ（1685〜1750年）です。

　対位法は 2 つの音が並んでいるので、たまにどちらがメインなのかわからなくなります。バッハの名曲『**平均律クラヴィーア曲集 第 1 巻：第 1 曲**』を聴いてみると、その意味がわかるはずです。1 音 1 音がそれぞれメロディを奏で、どんどん複雑化していくのですが、それぞれを縦に見るとハーモニーになっています（当時はまだハーモニーや和音の概念はありませんでした）。

　『グレゴリオ聖歌』のようにひとつの音に重ねていくのではなく、それぞれの音がひとつの音楽になっています。バッハの天才たる所以です。『平均律クラヴィーア曲集』は**ピアノ音楽の旧約聖書**と評されるほどポピュラーで、耳にしたこともあるのではないでしょうか。

対位法にも、やはり規則があります。これ以上は音大生が習う内容になってしまうので、かいつまんで説明します。ここではあくまで「音楽の作り方には規則がある」という事実をおさえてください。

　対位法の規則は、音楽作曲における構造と調和の基本指針です。これによって作曲家は旋律や和声を秩序だった形で配置し、聴衆にとって理解しやすく美しい作品をつくることができます。対位法の規則は作曲家にとっては制約となる一方で、芸術的な自己表現と創造的な挑戦を促し、作品に独創性とイノベーションをもたらします。

　一方で、対位法の規則を破ることは、芸術的な革新と表現の自由を意味します。規則を破ることは、アーティストに新たな視点を与え、既存の構造からの脱却を促します。規則の破壊は芸術の進化に不可欠であり、伝統的な枠組みを超えて新たな表現方法や芸術的アプローチを模索する一助となります。このような挑戦は多様性と進化を促進し、新たな芸術の地平を開拓するといえるでしょう。

　当然ですが、最初から規律やルールが存在したわけではありません。巨匠たちが色々な曲を弾いているうちに「これはいい」「これは悪い」と長い時間をかけて繰り返して出来上がったものです。そして、これも世の常なのですが、ルールを壊す人が出てきます。

　音楽の世界でいえばベートーヴェンです。バッハの『平均律クラヴィーア曲集』が「ピアノ音楽の旧約聖書」ならば、ベートーヴェンのピアノソナタは「ピアノ音楽の新約聖書」といわれています。
　バッハはバロック音楽を代表する作曲家であり、対位法と古典的な構造に基づいた作品を残したことから『平均律クラヴィーア曲集』

が「旧約聖書」と呼ばれ、音楽の古典として位置づけられます。

　対照的にベートーヴェンはロマン派音楽の先駆者で、感情豊かな表現と古典的な規則からの脱却を試みたピアノソナタが「ピアノ音楽の新約聖書」と呼ばれます。この比喩は2人の音楽的対照性と音楽史の重要性を表しています。

　対位法は、バッハやベートーヴェンの時代だけの手法かといえばそうではなく、実は現代でも曲作りに用いたミュージシャンがいます。それが、天才ジャズプレイヤーのマイルス・デイヴィスです。曲は『**Summertime**』。

　なぜ——音楽の長い歴史で見れば近代に位置するはずの——彼が、対位法で曲作りを行ったのか？　それについては第5章で解説していきます。ちなみに私が実践するアーティスト思考は、マイルスが着想の原点です。

ハーモニーの誕生

　対位法は結果的に和音になっているのですが、概念や理論としての和音という概念は存在していませんでした。それが「心地よいから」という理由で音の重なりが意識されるようになります。15～16世紀、ルネサンス期のことでした。

　この時期の特徴は、中世以前は使われなかった音の重なり（3度や6度）が取り入れられるようになったこと、そして和音・不協和音が意識され始めたことがあります。それがバロック時代の作曲家、ジャン＝フィリップ・ラモーの著作『自然の諸原理に還元された和声論』（1722）で定義され、その後体系化されたのが和音（ハーモニー）となります。

　ラモーが提唱した和音理論は和声学の基礎を築き、音楽に画期的な発展をもたらしました。調性の概念と和声の構造を明確化し、音楽のつくりや表現を深化させました。これは特にバロック時代の作曲家たちが和声進行を理解するうえで大きな影響を与えました。

　この一連の流れで重要なのは、視点が**横から縦に移った**ということです。イノベーションを起こすアクションとしても紹介しました。これまで、メロディ（譜面）上においては横の流れが重視されていました。一方で和音やハーモニーは音の重なりなので、譜面上では縦の視点です。音楽ひとつとっても、先述したバッハの『平均律クラヴィーア曲集』では対位法で考えるとメロディ同士の偶然の重なりだったのが、縦で見ると心地よい音の重なり・響きになっている。その響きに価値を見出したのが和音（ハーモニー）という大発見だったのです。

　500年ごろのグレゴリオ聖歌から始まり、オルガヌムが生まれ、16世紀にようやく心地よい音の重なりがハーモニーとして認識され、体系化されてきた音楽。だんだんと近代の音楽に近づいてきます。

感動をコントロールする「カデンツ」

　和音が体系化され、次のステージとしてカデンツという法則が出てきました。もしかすると音楽の授業などで習った覚えがあるのではないでしょうか？

　カデンツとは前述の作曲家ラモーによって提唱された、「和音同士をいかに連結すべきか」という理論を体系化したものです。和音の流れで音楽にストーリーを加えるものといえばわかりやすいかもしれません。

　カデンツには落ち着きや解放・解決を印象づける「トニカ」やトニカの5度上の和音で不安や緊張の印象を与える「ドミナント」、トニカの5度下（4度上）の和音で、ドミナントほど強くない緊張感を与える「サブドミナント」があります。

　トニカはトニックウォーターの語源でもある「基本」を意味していて、ドミナントもサブドミナントも最後にはトニカに収斂されます。勧善懲悪ものの映画やドラマみたいなもので、「こうなるのが落ち着く」というカタルシスを得られる流れです。

　それが音楽にもあって、それを法則化したのがカデンツなのです。

　つまり、どの音に対して何番目が心地よい、何番目が落ち着かない、という感情の流れを法則化したものです。果てしないトライ＆エラーを繰り返してカデンツは成立しました。

　そして音楽を法則化したとなると何が起こるか。「聴き手に好まれる音楽」の必勝パターンが見えてくるようになります。

官能を刺激する　必勝パターンと罠

　音楽の必勝パターンは存在します。「心地よさ」すなわち官能を刺激する音楽は作れるということです。

　説明をするよりも、まずは聴いていただきたい曲があります。オーストラリアのコメディバンドThe Axis of Awesomeの『**4 Chords**』です。ザ・ビートルズやU2、エルトン・ジョンにレディー・ガガといった錚々たるアーティストの名曲をワンフレーズごとカバーしてひとつの曲にしているのですが、これらの名曲は実はたった４つのコードから成る同じコード進行なのです。キーやメロディはもちろん変わりますが、全てD-A-Bm-Gというコード進行になっています。

　聴いていただけるとおわかりだと思いますが、ポピュラーミュージックはパターンで成り立っています。すなわち良い曲は作れるのです。ちなみに日本のポップスも王道の進行があります。

　その意味ではカデンツや和声というルールがなければ、今の音楽シーンもありませんでした。が、功罪があるとも思っています。それは、ルールさえ押さえれば、誰でも名曲を作れてしまう（と、作り手側も思ってしまう）ことです。

　そしてもうひとつ、感動パターンが数学的に体系化されているということは、AIでも曲を作れるということです。むしろここまでの話で、作れないと思う方が不自然といえます。ゼロからのクリエイティビティが必要かといえば、たしかに必要ではあるのですが、それでもやはりAIで曲は作れてしまう。良い曲かどうかはさておきですが。

　ここで注意しておきたいのは、**コードもビジネスモデルもパターンがあるという意味では同じ**だということです。つまりD-A-Bm-Gというコード進行に則って音楽を作るように、ビジネスモデル起点で事業を考えてしまう可能性がある。「サブスクとか広告モデルで何かやりたいね」といった発想です。

　音楽であればいざ知らず、ビジネスモデル起点の発想には限界があります。結果的に既存のビジネスモデルに当てはめるということはあっても、ビジネスモデルを起点とする発想では新しいものは生まれません。

　結局のところビジネスの起点は「自分が何をやりたいのか」。ここに尽きるのです。

キリスト教とアート

　音楽の進化論 II をまとめます。元々は神の言葉を伝える役割（手段）であった聖歌でしたが、時が経つにつれて音楽そのものとして発展してきました。その後も聴衆の官能、すなわち心地よさの追求に従い、進化していきます。

　一連の進化・発展の原動力となったのは「音楽として単調だと飽きられるから」という理由です。聴衆に飽きられるとメッセージが伝わりにくくなり、普及は鈍っていきます。もっとしっかりと人々に聴いてもらわなければいけない。その過程で生まれたのが和音です。このあたりから音楽は手段ではなく楽しむもの、すなわち目的になっていきます。

　一方で、それがまたひとつの問題にもつながっていました。おわかりだと思いますが、音が重なっていくと（美しさを追求していくと）、今度は言葉が伝わりにくくなっていきます。元々は神の言葉を伝えるためのものが、メロディが重視されるようになっていきます。それでは本末転倒なわけです。

　宗教（当時は権力と同義）とアート、文化の結びつきというのは、歴史を見るととても興味深いテーマです。ビジネスを考えるうえで、人々の意識や文化の変遷は重要になります。この一連の流れから、ヒントを掴んでいただきたいと思います。

ビジネスを生み出す標準化の発想
音楽と産業II

お金にならないものをビジネスチャンスにする

　音楽がいくら進化しても、お金を払ってくれる人がいなければアーティストは生活ができず、音楽を続けることはできません。ジャズの神様だろうとレジェンドギタリストだろうと、それは同じです。音楽でお金を生む、すなわちビジネスにするためにどのような動きがあったのかについて、産業面から近代の歴史を振り返っていきます。

　まずビジネスにするとは具体的にどういう状態を指すのでしょうか。ひとつには知ってもらうこと、そのために流通させることが挙げられます。しかしそれだけでは不十分です。

　東西のローマ帝国のころを思い出していただきたいのですが、グレゴリオ聖歌を広めていった動きは、神の言葉を広めるために音楽を知らしめるという動きであって、お金を儲けていたわけではありません。当時は音楽が流布したということ自体に意味があったのですが、ビジネスではありませんでした。

　では認知と流通のほかに何が必要なのか。そのヒントを探るために、舞台は19〜20世紀、ニューヨーク市マンハッタンの一角、通称ティンパンアレイに飛びます。
　そこはポップミュージック発祥の聖地と言われ、20世紀はじめは最大38もの楽譜出版社があったといわれるエリアです。

　ここに音楽のビジネス化の起源があります。

音楽商品化を支えたジャズ

　ところで、ジャズといえば「通好みの音楽」「玄人向けの音楽」といった印象がありませんか？

　実は20世紀当時、ジャズは非常に大衆的な音楽でした。ジャズの先駆けとなったラグタイムというジャンルのピアニストであるスコット・ジョプリン（1867もしくは1868～1917年）、トランペッターのルイ・アームストロング（1901～1971年）といった有名なプレイヤーが続々と出てきたころです。

　後述しますがジャズはアメリカのニューオーリンズで生まれて、シカゴやニューヨークに拠点を移していく中で、商業界でも中心的な存在となっていきました。

　今でも巷で流れている曲も多くあり、ということは当時、商品としてたくさん流通していたということです。

　ルイ・アームストロングの『**What a Wonderful World**』などは有名なスタンダードナンバーです。彼は本来はトランペッターですが、より多くの人に届けるためにこの曲では歌っています。

　当時は楽器の演奏者が歌うことがよくありました。やはり歌詞があるぶん伝わりやすいし聴きやすいということで、さまざまなかたちのジャズ作品が出てきました。

　その流行の発祥の地となったのがティンパンアレイです。

第**4**章

偉人に学ぶ、概念の壊し方

ルイ・アームストロング
Photo by Getty Images

カオスな全盛期

　1920〜30年代がティンパンアレイの全盛期と言われます。今も演奏されるジャズのスタンダードナンバーが数多く生まれたのが、この時代です。

　当時の特徴といえば、限られた人が曲を書いていたこと。人気の作詞家・作曲家が市場を作ってきたカオスともいえる時代です。80〜90年代の日本のように、筒美京平さんや売野雅勇さんや小室哲哉さんなど、特定の作詞家・作曲家が活躍したくさんのヒット作を生んでいた、そんな時代を思い浮かべてください。

　ティンパンアレイでも特に有名だったのがガーシュウィン兄弟です。兄のアイラ・ガーシュウィン（1896〜1983年）は数多くの作品を残した作詞家です。弟のジョージ・ガーシュウィン（1898〜1937年）はアメリカ音楽の創始者とも呼ばれる作曲家で、やはりたくさんの名曲を残しました。

　同じく有名なのが作曲家のリチャード・ロジャース（1902〜1979年）。彼は『**My Funny Valentine**』『**The Sound of Music**』『**Do-Re-Mi（ドレミの歌）**』など現代に語り継がれる曲を作りました。舞台のトニー賞、映画のアカデミー賞、音楽のグラミー賞、テレビのエミー賞、これら全てを受賞したアメリカで初めてのアーティストです。どれだけエンタメ業界に強い影響力があったのだろうか、と考えてしまいます。

　このあたりから産業としての音楽が成り立つようになっていきます。具体的には「大衆が求める音楽をいかに効率的に作るか」が重視

されるようになりました。

　さらに、音楽をより多くの人に届けるために、音楽を作る人やプレイする人以外のビジネスが生まれてくるのもこのころです。

　第3章ではハードウェアとメディアの変遷について解説しましたが、本章では現代の音楽業界に残る慣習やビジネスモデルがどうやって生まれたのかについて解説します。

ポピュラーミュージックの誕生

19〜20世紀にかけて、音楽産業はどんな状況だったのか。レコードが登場しましたが、当時は値段が高くて誰もが買えるものではありませんでした。

当時の音楽ビジネスは楽譜の販売で、ティンパンアレイは元々、楽譜屋が集まっていたエリアだということです。本当は楽譜をたくさんの人に売りたい。そのために楽譜屋たちはさまざまな工夫をしました。

まず定義されたのは、売れる曲の論理的**標準化**でした。要は「このパターンだったら売れる」という基準を大量生産のために明確にしたのです。まずその基準のひとつが「曲の長さ」でした。誰もが心地よく聴けて、飽きない長さ。長すぎると飽きてしまい聴いてもらえないし、短かすぎても味気なく魅力がない。

そこでちょうど良い長さ——演奏もしやすく、聴きやすい3〜5分程度の長さ——を定義しました。

その次に定義されたのは売れる作詞家・作曲家への発注です。売れる作詞家・作曲家がわかれば発注の成功率は高まります。そして発注した曲を効率的に楽譜に印刷するというビジネスモデルが出来上がりました。

この音楽がビジネス化する過程で現れたのがプロデューサーです。

楽譜を売るための仕掛けづくり

　現代では当たり前についている音楽プロデューサーですが、誕生したのはこの時期です。プロデューサーとは一言で表せば「今こんな曲が売れる」というセンス、もしくは「あの人に曲を書かせれば売れる」という人脈を持っている人です。

　楽譜を売るためには曲が話題になってくれないといけない。そのための仕掛けをする人間が必要になってくる。そこで動くのがプロモーターです。そしてもちろん、曲を歌うタレントがいなければならない。「あの人が歌えば話題になる」というタレントを育てて多くの人に認知させることが、音楽をビジネス化していく（当時であれば楽譜を販売していく）ために必要でした。プロモーターが企画したイベントに人を集めて楽譜を売る、というのがティンパンアレイのビジネスモデルだったのです。

　「標準化」に加えてこの流れで着目すべきは、音楽を作る人以外の職業ができたことです。楽譜屋の下にプロデューサーやプロモーターがいて、タレントがいて、という構造になっています。このあと楽譜から蓄音機、そしてレコードへとメディアが移り変わり、それに伴って音楽産業も変わっていくことは述べた通りですが、音楽をビジネス化する初の成功モデルというのは実は楽譜でした。**テクノロジーがなくても販売できるものは生み出せる**ということです。

新規ビジネスは「標準化」が鍵

　音楽を大衆化していく一連の動きから見出せる、新たな産業をビジネスとして回すために必要なことは**標準化**です。

　事業を構想するときに「これが好き」からスタートするのはとても重要ですが、それだけで進めるのではなく「これを別の分野に展開するためにはどうすればいいのか」と考えなければなりません。そのヒントになるのが標準化です。サービスのパターンを決めてしまえば、業界を横断して展開することができるようになります。

　また、「どうすればさらに魅力的なサービスにすることができるんだろう」「多くの人に知ってもらうためにはどんな人や仕掛けが必要なのか」と考えることの重要性もうかがえます。ティンパンアレイならば前者はタレントの育成、後者はプロデューサーやプロモーターがそれにあたります。

　ティンパンアレイが従来の音楽のあり方を踏襲して楽譜販売のみに特化し「音楽とはこういうものだから」と決めつけていたら、プロモーターやプロデューサーという発想には絶対にたどり着きませんでした。いかにして流通させるか、多くの人に手に取ってもらうかを考えるうえで標準化が重要であることを、一連の流れから知っていただきたいです。

COLUMN 4

印税の誕生

　現代の音楽産業に当然のように存在する印税。ちなみにですが印税の概念が生まれたのもこの時期です。

　蓄音機が音楽の聴き方を変えたことはすでに述べました。この蓄音機の一種のグラモフォンを発明したエミール・ベルリナーが考えたのが印税でした。録音した円盤型蓄音機を発売し、それが売れれば売れるほどミュージシャンにお金が入る形式にしました。

　そうなるとミュージシャンにとってもインセンティブになるので、売れる音楽をつくるようになります。これも音楽を大衆化した要因のひとつです。

　印税の誕生は、音楽の商業化と著作権保護の必然的な結果といえます。19世紀末に著作権法が整備され、楽曲の著作者に対する著作権保護と公正な報酬の提供、そして音楽業界の商業活動をサポートするために発展しました。

　印税は楽曲の使用やパフォーマンスに対する収益を効果的に分配するための仕組みといえます。これは音楽家や作曲家が創造活動に専念できる環境の整備を促進しました。

さらに、印税は音楽業界の経済的健全性にも大きな影響を与えます。制作会社、出版社、アーティストマネージャーなど、あらゆる音楽ビジネスのプレーヤーに収益をもたらすことで、業界の成長と繁栄に寄与するほか、新たな音楽プロジェクトの資金調達などにも役立っています。

　今や、印税は音楽業界の発展と健全なビジネスエコシステムの維持に不可欠な要素といえるでしょう。

第3部

ジャズと
ミニマルミュージックに見る
革新的思考

第5章

ジャズと暗黙知

そこにあるものではなく、
ないものをプレイしろ。
知っていることではなく、
知らないことをやれ。
変化しなければいけない。それは呪いだ。

*Don't play what's there, play what's
not there.*
*Don't play what you know, play what
you don't know.*
I have to change, It's like a curse.

Miles Davis マイルス・デイヴィス

1 徹底的に基礎を叩き込む
暗黙知化

徹底的に叩き込まれた基礎

　物理化学者で哲学者のマイケル・ポランニーが提唱した**暗黙知**という概念があります。一言で言うと「言語化を超え、身体で覚えてしまっているレベルで定着した知識」です。

　言い方を変えれば、言葉や明示的な情報だけでなく、経験や直感を通じて習得する知識です。すなわち形式的な教育や言葉による伝達だけでは伝えられない、文化や社会のルール、技能、理解などの非言語的な知識のことを指します。

　暗黙知は個人的な経験と、特に実践を繰り返す事を通じて育まれる重要な知識の一部です。人は暗黙知を通じて、日常生活や専門職に関するスキルや洞察力を獲得することができ、暗黙知は社会的相互作用を円滑に進めるのに役立っているといえます。この社会的相互作用が音楽では重要な部分になってきます。アーティストにとって、形式化された理論を超えた暗黙知は豊かな表現をするためになくてはならないファクターといえるのです。

　これまで説明してきたように、音楽には数多くの理論があります。耳心地のいい和音、和音の流れを示すカデンツ、古くだとグレゴリオ聖歌を創り上げた教会旋法など、古今東西さまざまです。

　理論は音楽に必要なものですが、一方でそれら全部を頭で覚えて考えていてはとても良いプレイなどできません。「理論上で次の音は何だったか」といちいち考えていては、リアルタイムで進む演奏のタイミングで表現することは困難です。それではどのようにすればリアルタイムで高い芸術的な表現ができるのか。その答えとなる技術が暗黙知化なのです。

第 5 章
ジャズと暗黙知

暗黙知化とはすなわち、理論を身体に叩き込むことです。体系化されている理論を暗黙知のレベルにまで持っていくために練習を重ねていくわけですが、音楽家は子どもの頃から、そして音楽大学でも、理論を体得するための基礎練習を大切にしています。

ピアノやギター、サックスにドラムと、それぞれの楽器で朝から晩まで基礎的な理論やパターンを暗黙知化するトレーニングをやりこみます。その姿勢は、ある意味狂気じみていて、まるで苦行のようでもあります。しかし、この苦行は自由な表現をするために音楽理論を暗黙知化するためなのです。

私も音楽の先生方や先輩ミュージシャンから、理論は頭で考えてはいけない、身体に覚えこませるのだと教えられました。何百回、何千回と繰り返して理論を忘れるくらい、身体が反射的に反応するくらい覚えこむ。ずっとこの繰り返しでした。基礎練習もしないで最初から感性で芸術を表現するなんていうことは絶対ない、感性でプレイするなんて100年早いと、いろんな先生に叱咤されました。

実際、留学先のボストンバークリー音楽院で知り合った世界的なアーティストたちの異常なまでの練習時間には驚かされると同時に、一流とは妥協なく鍛錬を繰り返すことなのだと実感しました。

コンサル時代の暗黙知化

　私は20年以上、経営コンサルティングの世界に身を置いていまし
たが、思えば新人コンサルタント時代は奇抜なことは一切やらず基礎
的なコンサルティングのフレームワークを使った作業を中心にやって
いました。元プロミュージシャンだから、クリエイティブな発想をす
る生意気なコンサルタントだったと思われるかもしれませんが、恐ろ
しいほど地味なコンサルタントでした。

　経営コンサルタントにとって、MBAで学ぶ基礎的な経営分析スキ
ルは不可欠なものです。このスキルによって企業の健全性や課題を把
握・評価し、戦略的な意思決定をサポートすることができます。ほか
にも必要なスキルには財務諸表の読解能力、収益性分析、コスト管
理、市場分析、競争状況の理解、リスク評価などがあります。
　これらのスキルを暗黙知として扱えるレベルになって初めて、経営
コンサルタントはクライアントの成長や競争力向上に寄与し、持続可
能な成功を実現することができます。知っていると使えるは違うので
す。使えるの背景には基礎として身に付けた経営学やそのフレーム
ワークがあるのです。

　ロジカルにあえてSWOTや3Cを用いて分析するのではなく、すで
に市場感覚が体に染みついているから、感覚的にわかる。無意識のう
ちに経営ロジックを行っている。だからビジネスプランを聞けば、分
析するまでもなく成功するかしないかが感覚的にわかるのです。

　多くの人が既存のフレームワークを使った分析から新しいものを導
き出そうとするのですがそれは間違いで、分析をやっているうちは発

想に転嫁されずイノベーションが生まれません。イノベーションを生み出すには既存の枠組みやパターンを超える必要があるからです。

　通常の分析は過去のデータに基づき、既存の情報を基に意思決定を行います。しかし、イノベーションとは未知の領域に踏み込むことであり、新しいアイデアやアプローチが求められます。イノベーションにはリスクが伴うことを知り、創造的な発想とリーダーシップによって新しいアイデアを試し、失敗をしても受け入れる覚悟が必要です。
　イノベーションとは伝統的な分析だけではたどり着けない領域への探求がシビアに求められる、革新的な発想と実験のプロセスなのです。

　ビジネスにおいても地道な基礎を（暗黙知化されるレベルまで）何度も繰り返すことが大切で、コンサルタントにとって、また経営者にとってMBAは意味があると思っていますが、それにも限界があるということです。

事業構想と暗黙知化

　暗黙知を別の言葉で言い換えると、理論に裏付けられた"カン"のようなものです。ピンとくるときの勘、もしくは直感。

　このカンは天から舞い降りてくるような第六感などではなく、全て経験と知識からきています。そのことを示したのがポランニーの暗黙知です。

　暗黙知化は新しい事業を構想するにあたって重要かつ必要な技術です。技術であるから、誰でも身に付けられます。身に付け方はシンプルで、STPや3Cといった経営学で用いられるフレームワークをとにかく駆使して、頭に・身体に叩き込む。そして基礎に忠実に、誰よりも量をこなす。この一択です。

　MBAとは言語における文法だと捉えるとわかりやすいかもしれません。文法は身体に叩き込めば、他言語も身に付きます。文法だけで会話はできませんが、言語習得の土台なので決して疎かにはできません。

第 **5** 章

ジャズと暗黙知

アーティストは右脳派か？

　自分は右脳派か左脳派なのか、とよく話題になります。私は元ミュージシャンのイメージが強いので右脳派と言われます。右脳はイメージや想像力を司り、発想するのは右脳の機能といわれています。

　一方の左脳は言語や計算する能力を司り、論理的な思考をするときに働くといわれています。それではアーティストはみな右脳派の人なのでしょうか。

　もうおわかりだと思いますが、そうではありません。アーティストほど理論に基づいて動く人種はいない、といっても過言ではないでしょう。

　だからこそ、アートは教養であり、教養とは暗黙知化されるものです。**感動とは暗黙知化された教養からくるもの**といえます。

暗黙知の形式知化と創造

　暗黙知の形式知化という概念は芸術表現において重要な要素です。例えばミュージシャンが自らの感情や創造性、すなわち暗黙知を音楽として表現する際、暗黙知の形式知化のプロセスを踏んでいます。アーティストは表現、すなわち形式知化を通じて他者と感情や想いを共有し、相互の理解を深めることができるのです。

　芸術における暗黙知の形式知化は個々人の相互理解だけではなく、新たな表現手法やジャンルへの発展、多様性の促進という点において、芸術全体の進化にも関わっているといえます。

　話をビジネスに戻すと、企業活動におけるKPI、マーケット情報、財務指標など、これらは全て形式知です。ここまではポランニーが提唱しているものですが、ここからはアーティスト思考の文脈で、暗黙知と形式知がどのように関係するのかについて解説します。音楽の進化を思い出すと少しずつ見えてきます。

　例えば音楽の創成期にグレゴリオ聖歌がありましたが、広めていくためにはグレゴリオ聖歌の作曲の理論を体系立てて形式知化し、共有する必要がありました。そのステップによって作曲の方法論を第三者が学ぶことができ、グレゴリオ聖歌は広まったのです。グレゴリオ聖歌の場合、形式知化された方法論が教会旋法です。もちろん教会旋法が最初からあったわけではなく、グレゴリオ聖歌を分析して解明し、そのロジックを形式知化したものが教会旋法となったのです。

　非言語のもの（暗黙知）を体得し、それを言語化（形式知化）する。音楽はその繰り返しで進化をしてきました。これはなにも遠い昔の話ではなく、近代の音楽史においても起こっています。それについて、見ていきましょう。

アーティストは
形式を暗黙知化して創造

形式知化

感じたもの、感じるままに表現（非言語）

言葉で説明できるもの（言語、客観的）

暗黙知化

言葉で説明できるものを経験で体得（言語）

感じたもの、感じるままに表現（非言語、直感的）

2 イノベーションには流れがある
音楽の進化論 III

ジャズの誕生

　一連の「暗黙知の形式知化」の流れを踏まえ、音楽の歴史の話に戻ります。

　音楽の誕生から歴史を振り返ってきましたが、近現代に移る最終章はジャズの誕生から始めていきます。私自身がジャズをバックボーンにしているということもあるのですが、ジャズは現代音楽のルーツであり、また政治や文化背景と密接にある音楽のため、ビジネスをやるうえでも多くの気付きが得られます。

　まずジャズの発祥は1900〜1920年ごろ、アメリカ・ルイジアナ州のニューオーリンズと言われています。当時、ニューオーリンズには労働者がたくさん集まり、仕事の後を楽しむ歓楽街が盛り上がっていました。

　歓楽街といえばお酒といかがわしい仕事、そして切り離せないのが音楽です。人はお酒が入ると音楽が欲しくなるもので、人が集まるところは音楽へのニーズが増し、音楽の仕事が生まれミュージシャンが仕事を求めて集まるようになります。ただその背景は決して明るいものではありませんでした。

　当時過酷な労働を強いられていた黒人労働者たちが日々の怒りや苦悩、不満といった負の感情を表現する手段として音楽を用い、それがジャズのルーツであるブルースへと発展していきました。そこに黒人音楽特有のシンコペーション（意図的に音の強弱を違わせる手法）をピアノ演奏に取り入れたラグタイムがブルースと交わり、さまざまな化学反応を経てジャズが生まれたと言われます。

第 **5** 章
ジャズと暗黙知

　ラグタイムはスコット・ジョプリン『**The Entertainer**』、ブルースはロバート・ジョンソン『**Cross Road Blues**』をぜひ聴いてみてください。黒人音楽特有のリズムや雰囲気を感じることができます。

　ラグタイムは譜面通りに弾いていますが独特なシンコペーションと弾き方に特徴があります。ブルースはシンプルなコード進行で作られていて、シンプルな構成が故に深さが求められます。「ブルースは生き様である」といわれるのも、そのシンプルな構成で表現をすることの奥深さを物語っています。

　ブルースは派手に盛り上げる音楽ではなく、どちらかというと鬱屈した感情そのものを表現する音楽です。だからシンプルで、しかもギター一本で弾き語る編成で成立します。というのも酒場側もミュージシャンにギャラを支払わなければならないので、できればたくさんの人を雇いたくないという経営的な理由から、ひとりでも成立する音楽＝ブルースをプレイする必要がありました。

　一方でひとりでも音楽を成り立たせられるのは和声が一役買っています。和声やハーモニーが歌のメッセージを引き立てることで、シンプルな演奏でも聴衆を魅了することができたのです。

また、ブルースの功績のひとつといえるものがあります。それはセッションのしやすさです。ミュージシャンが自由に集まって集団で即興演奏を行うことをジャムセッションと呼びますが、シンプルなコード進行によって構成されるブルースだからこそ、歌のメロディを合わせやすく、言葉に重点を置きながらも歌い手は演奏に入りやすい。そのシンプルさと歌詞の深さから感動と共感をよび、ブルースは色々なジャンルのミュージシャンに影響を与えました。

　例えばイギリスのロックバンド、ザ・ローリング・ストーンズの原点はブルースです。ボーカルのミック・ジャガーは若いころブルースを愛し、ブルースばかり歌っていました。同バンドのギタリスト、キース・リチャーズもブルースの影響を強く受けたミュージシャンです。ミック・ジャガーが初めてキース・リチャーズと出会った時、「シカゴ・ブルースの父」と呼ばれたマディ・ウォーターズというブルースシンガーのアルバムを持っており、2人で10時間以上繰り返し聴き続けたそうです。そこからマディの曲である『Rolling Stone』をバンド名にしたのは有名な話です。
　ハードロックの創世記に活躍したバンドのディープ・パープルのギタリストであるリッチー・ブラックモアもクラシックの影響が強いイメージがありますが、そのプレイの原点はやはりブルースなのです。

　ジャズ発祥の話に戻りますが、第一次世界大戦が起こったことでニューオーリンズの歓楽街は閉鎖されます。そうなると結局、仕事として音楽をやりに来ていたミュージシャンたちは新たな仕事を探して方々に散らばっていき、そのようにして音楽の中心が次の大きな歓楽街であるシカゴ、そしてニューヨークに移っていき、それぞれの場所で独自の発展をしていきます。

大衆娯楽としてのジャズ

　戦争に加えて、もうひとつ大きな流れがありました。それは禁酒法です。当時は法的に飲酒が禁じられているわけですから、お酒を飲んだら警察に捕まってしまいます。それでも人はお酒が飲みたい、ということで違法酒場が続々とできていきました。その閉鎖された空間で、法的に禁止されたお酒とともに音楽は進化していきます。

　やがて1929年には世界大恐慌が起き、都市部の人々は絶望に陥ります。経済破綻でたくさんの自殺者が出ました。そんなときに暗い音楽は求められない。そこで生まれたのが暗くなった気分を吹き飛ばし、陽気で踊りたくなるような音楽であるスウィングジャズです。有名なスウィングジャズはたくさんありますが、特に日本人にお馴染みなのがベニー・グッドマン『Sing, Sing, Sing』。今でも多くの人に愛されるジャズナンバーです。

　ちなみに、「黒人の音楽」と言われたジャズですが、ベニー・グッドマンは白人のバンドリーダーであるクラリネット奏者です。これも白人が多いニューヨークに音楽の中心拠点が移った影響です。

　スウィングジャズについては、ほかにもいくつか特徴があります。
　まず流行がレコードの普及と同時期であることです。これによりレコードを聴いた富裕層の白人が生の演奏を聴きたくなるという現象が起きます。集まった聴衆は、即興ではなくレコード通りの生演奏を求めました。レコードで聴いたものと同じ曲で踊りたかったのです。また、暗い時代背景だったからこそ、とにかくゴージャスで陽気な演奏なのも特徴的でした。

ベニー・グッドマン
Photo by Getty Images

スウィングジャズの光と影

　暗い時代を照らしたスウィングジャズですが、その裏には差別や偏見が付き纏っていました。ベニー・グッドマンのような白人のプレイヤーが人気になりましたが、優秀な白人ジャズミュージシャンがそうたくさんいたわけではないので、白人ジャズっぽい演奏をする黒人のミュージシャンも登場してきます。カウント・ベイシー、デューク・エリントンなどは特に有名です。

　しかし彼らが白人たちと同等に評価されていたかというとそうではなく、黒人ミュージシャンたちは人種差別の迫害で大変な思いをしていたといいます。

　また聴いてみるとわかるのですが、とても緻密で、その場のノリで即興でできる音楽ではありません。しっかり練習しなければならないし、子どもの頃から音楽教育を受けていないとできない。こういう点でブルースとは違い、スウィングジャズは完成された音楽でした。ただ、教育まで必要とされ、完成されたものということは、それだけ参入しにくいということでもあり、演奏できる人が限られてきます。

　するとどうなるかというと、白人ミュージシャンの数は限られるから引く手あまたになる。酒場は白人ミュージシャンを雇えないから黒人ミュージシャンを雇うようになる。スウィングジャズを聴きながら踊っている客の中には黒人ミュージシャンが演奏することを快く思わない人もいて、野次られ、ひどい言葉をかけられることも起きてくる。偏見が先行して誰も自分の演奏を聴いてくれない。黒人ミュージシャンたちは、仕事をしながらストレスが溜まってくる。

　そして、その人種差別からくる耐え難いストレスからまた、新しい音楽が誕生してきます。クリエイティブは、遅い。

才能と技術、そして新たな音楽理論の融合

　1940年代、白人のためのスウィングジャズを演奏するのに嫌気が
さした黒人ミュージシャンたちはライブハウスや酒場が閉店したあ
と、ある種のストレス発散と演奏家としての承認欲求を満たそうと壮
絶なジャムセッションをするようになります。

　それが**ビバップ**——新しいジャンルのアートとしてのジャズの始ま
りです。

　ビバップがどんな音楽かというと、今風にいえばジャズのラップバ
トルです。人種差別に対するストレスや承認欲求から、「俺の音楽を
聴け！　白人にこんな演奏ができるか！」という怒りと魂がぶつかり
合うわけです。高い演奏技術とセンス、そして才能が炸裂する物凄い
演奏から曲が生まれてきます。

　基本的には、自由に原曲のメロディの音程やリズム、そして装飾音
を巧みに付加しまるで料理をするような演奏です。しかし、デタラメ
に変えてしまうと、単に不愉快な音のはずれた音楽になってしまうの
で、音楽的ルールの中で変化をつける必要があります。

　ここで鍵になるのがコード進行です。

　ビバップの特徴をひとつ挙げるとすると徹底的に高い技術を前面に
出した即興演奏です。最初にわかりやすいテーマを演奏しますが、メ
ロディとリズムは演奏者によって料理され、長い即興演奏が繰り広げ
られます。その中に技術や芸術性を見出し、競うというものです。

　ただ、当時有名なミュージシャンのほとんどはトランペットやサッ
クスといった単音楽器のプレイヤーでした。ピアノであればコードで
弾けますが、サックスだとそれができない。そこで彼らは頭の中で和

第 5 章
ジャズと暗黙知

音を分解していきました。

　コードにはそれを構成する複数の音があります。コードの要素を分解した音をアルペジオと呼びます。その構成音をベースにしてさまざまなパターンに再構築していくというものです。もう技術と技術の喧嘩でした。ラップでフリースタイルのバトルをするみたいなものです。

　ビバップは即興演奏なのですが、基本となっているのはコード進行なのでカデンツの流れです。ただ、技術先行になりすぎてしまったため、次第に何の曲なのか、誰のための演奏なのかがわからなくなってしまい大衆は離れていってしまいます。

　ビバップでは、絶対的な優れた演奏家が登場しました。代表格がバードことチャーリー・パーカーと、ディジー・ガレスピーです。この２人の圧倒的な演奏能力の高さによってビバップが２人の中で完結してしまったことこそが、その発展を阻んだ原因かもしれません。

　チャーリー・パーカーといえば『**Donna Lee**』が有名です。この曲はその後、天才ベーシスト、ジャコ・パストリアスの名演で再注目され、スタンダード曲として数多くのミュージシャンに愛されるようになり、今も演奏され続けています。かなりの難曲です。

　ちなみにチャーリー・パーカーの人生を描いた『**BIRD**』（クリント・イーストウッド監督）という映画があります。

　神様と呼ばれたチャーリーがいかに生き、そして病んで最後は麻薬のやりすぎによって34歳で亡くなっていく様が克明に描かれています。社会背景がいかにして音楽に影響を及ぼしたのかがよくわかる名作です。ご覧いただければ、当時の空気を感じることができます。

チャーリー・パーカー
Photo by Getty Images

第 **5** 章
ジ ャ ズ と 暗 黙 知

孤高から大衆へ　ハードバップ

　ビバップは技術的にはすごかったのですが、演奏技術に重きが置かれすぎて、アートから離れ演奏技術的に相手に勝った・負けたを競うような世界になりがちでした。前述した思考態度でいうと、後半は硬直した思考態度に陥ってしまったと思います。

　ビバップの絶対神チャーリー・パーカーの死によってビバップはますます技巧至上主義に傾倒していきます。そうなると演奏する方も聴いている方もつまらなくなるわけです。そんな中、もっと音楽として楽しめるビバップがあってもいいのではないかという動きが出てきました。その流れで生まれたのが**ハードバップ**です。

　ハードバップは、コードを分解したアドリブで演奏するというスタイルはビバップと変わらず、しかしソロでは演奏技術を見せつけるのではなくメロディアスな音を選ぶスタイルで、より洗練されたフレーズが重要視されました。その代表として、マイルス・デイヴィス『**Dig**』を聴いてみればよくわかります。

　基礎となるのはビバップなので音がガラッと変わるわけではありませんが、聴きやすいように意識されています。極端な言い方をすると、ビバップは原曲を巧みに壊すのが技術であり重要視されていて、ハードバップは人を楽しませて聴かせることを重視しています。

　ビバップもハードバップも、頭の中はコード進行です。頭の中で常に「今、何のコードを弾いているか」を意識しています。なぜそれをメンバーの間で合わせられるかといえば、パターンがあるからです。

パターンがあるから「次はこの音が来る」とわかっている。だから
ジャズのミュージシャンはいきなり音を鳴らされても演奏できます。

　なぜならコード進行が暗黙知化されているから。最初にキーを決め
てしまえば、始めのトニカ（主和音）が定まるので、大体のコード進
行がわかる。あとはリアルタイムに進行していく演奏に、メンバー同
士で競い合いながらも作り上げていくのがジャズの技術なのです。

　トニカに行くのか、サブドミナントに行くのか、ドミナントに行く
のかという進行はその時の気分で変わります。せーので演奏した時に
ソロでプレイする人がパッと弾ければ「お前やるじゃねえか」と認め
られるし、ミスをすれば「練習が足りないな」となる世界。それが
ジャズの醍醐味です。

　ジャズひとつを例にしてもさまざまな変化がありましたが、その変
化の瞬間は全てイノベーションだと私は思っています。プレイヤー自
身の承認欲求から発露するものがあれば、大衆に合わせて起こる変化
もある。

　こうした歴史に息づく人たちの想いや葛藤について考えると、音楽
の聴き方もまた変わってくるかもしれません。

音楽はイノベーションの連続

　後の章で詳しく紹介していきますが、ジャズの帝王と呼ばれるマイルス・デイヴィスはなぜメロディアスな方向にいったのか、理由とされる逸話があります。それは若きマイルスがビバップをやっていたときのことです。

　当時、マイルスはチャーリー・パーカーやディジー・ガレスピーといった名プレイヤーと一緒に演奏していましたが、その２人に比べて圧倒的に技術が劣っていたといいます。要するに「あの２人のように上手く弾けない」。これが新しい自分の価値を見出すためにマイルスが大衆に向き合ってメロディアスな方向にいった理由のひとつだと思います。

　技術的に劣るというマイナス感情から新しい表現が生まれ、イノベーションが起こる。それが人間の、歴史の面白いところです。もし若きマイルスに超絶技巧があったなら、今頃音楽はどのようなものになっていたのか――。

　ここまで説明したとおりジャズはブルースがルーツになっており、ブルースの根底にあるのは黒人への差別に対する負の感情です。イギリスのギタリスト、エリック・クラプトンが最初にブルースで出てきたとき「白人にブルースはできない」などと散々言われました。

　ところが今はどうでしょう。クラプトンといえばレジェンドギタリストとして、音楽好きなら知らない人はいません。そういう意味でクラプトンの存在はとても大きいし、偏見をどう乗り越えていくかという課題はジャズ以降の音楽にとって、そして現代のビジネスにおいても非常に重要なテーマです。

　このテーマについて、次から詳しく見ていきます。

3

偏見や差別と闘った孤高の人 マイルス・デイヴィス I

アーティスト思考の原点

　ここからは個々のミュージシャンにフォーカスしてイノベーションについて見ていきます。音楽に革命を起こしたミュージシャンは国内外に数えきれないほどいますが、挙げるとキリがないので特に私が敬愛する人たちを取り上げていきます。とりわけ本章では偏見や差別をテーマに、それらと闘ったミュージシャンをテーマにしています。

　差別、偏見、音楽とくれば外せないのがジャズ。そしてジャズといえば、「帝王」ことマイルス・デイヴィス（1926〜1991年）その人です。マイルスは私自身がアーティスト思考を体系化していく際の原点であり、イノベーションという視点でもっともわかりやすいミュージシャンといえるでしょう。

　繰り返しになりますが、偏見や差別といった人種問題は、ジャズの進化を語るうえで切り離すことができません。差別と抑圧に対する反発としてビバップが生まれ、ハードバップに発展した流れは前述の通りです。そこからさらにクールジャズというジャンルが出てきます。
　それこそがビバップの反動からマイルスが確立したジャズのスタイルでした。人種の多様性を受け入れ、クラシックやスウィングジャズ、ビバップと融合させて「ジャズは黒人にしかできない」という波を打ち破ったスタイルです。マイルスの『**Boplicity**』という曲はクールジャズの代表曲として有名です。
　クールジャズのベースはビバップなのでアドリブは毎回違いますが、全体の聴きやすさは全く別物です。「技術先行」（ビバップ）から「聴きやすさ重視」（クールジャズ）への変遷は聴衆のニーズに応えたという意味でとてもデザイン的といえます。

マイルス・デイヴィス
Photo by Getty Images

ジャズの変化の変遷

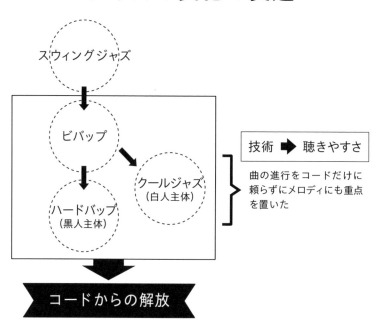

スウィングジャズ

ビバップ

クールジャズ
（白人主体）

ハードバップ
（黒人主体）

技術 ➡ 聴きやすさ

曲の進行をコードだけに
頼らずにメロディにも重点
を置いた

コードからの解放

コードからの解放　名盤『Kind of Blue』

　ジャズのスタイルが変化していっても、伝統的なコード進行に沿って曲が作られていたことは変わりませんでした。しかしそのうち、コード進行そのものから外を目指す動きが出てきます。

　ここでもう一度、話をハードバップに戻しますが、ブラックミュージックには特有の"ノリ"があります。聴くと自然と身体がのってしまう、いわゆるグルーヴです。グルーヴとはつまるところ何かというとズレから生じるノリのことです。

　人間が演奏する以上、リズムやテンポ、音には必ずズレが生じます。そのズレが大きくなると下手に感じるものですが、絶妙にずれるととても気持ちがいい。それがつまりグルーヴといわれ、ブラックミュージック特有のグルーヴは白人には出せないものとも言われています。ジャズがクールジャズによって白人主体になりつつある中、もう一回黒人主体に引き戻そうという動きの中で生まれたのがハードバップで、その代表が前述したマイルスの 『**Dig**』 です。

　この流れで出てくるのがコードからの解放であり、その象徴としてマイルスの代表作 『**Kind of Blue**』 が誕生します。この作品は語るべきトピックが多すぎるので、特に注目すべき点のみを挙げます。

　まず、ジャズ史上もっとも売れたアルバムです。「ジャズを聴き始めたい」と思ったら恐らく最初に薦められるのがこの作品でしょう。

　そして、ジャズ界のレジェンドたちが参加していること。ジョン・コルトレーン、キャノンボール・アダレイ、ビル・エヴァンス。そう、このアルバムの重要なトピックはクラシック音楽の教育を受けた白人のピアニスト、ビル・エヴァンスが参加していたことです。

マイルスのイノベーション

　コードから解放されよう、新しい音楽をつくろうとして臨んだアル
バム制作チームに、マイルスはピアニストのビル・エヴァンス（1929
～1980年）を仲間として引き入れます。ビルはクラシック音楽をバッ
クボーンに持つ、当時のジャズピアニストとしては珍しいといえる存
在でした。そして何より白人のピアニストでした。

　誰もが「黒人だ、白人だ」と侃々諤々しているときに、誤解を恐れ
ずにいえば、黒人のバンドに白人のミュージシャンを加入させること
は一番やってはいけないことでした。ここがマイルスの凄いところ
で、彼は信念として常に音楽が中心であり、「人種なんて関係ない、
新しいものは何でも取り入れてやる」というスタンスだったのです。

　実際のところ、黒人と白人のミュージシャンでどこが違うかといえ
ば、ひとつには音楽の教育が挙げられます（もちろん、全員ではありま
せん）。ビルは上流といえる家庭で育ち、クラシックの教養がありま
した。
　一方でいわゆるジャズネイティブと言われるミュージシャンは子ど
もの頃からジャズを聴きジャズを弾いています。耳や目、身体で音楽
を覚えているので逆に言えば譜面を読めない人が多かった。クラシッ
クを通っているミュージシャンは譜面が読め、対位法を知り、いろん
な作曲方法を学んでいるので、音楽のバリエーションがすごく多い。
　つまりクラシックを学んでいれば、ジャズネイティブの人たちが知
らないことをたくさん知っているということでもあります。
　自分にはないものを持っている素晴らしいプレイヤーがいる。それ
なのに「黒人だ、白人だ」とやってしまうとそれはただの分断です。

ビル・エヴァンス
Photo by Getty Images

それでは新しいものは何も生まれません。だからマイルスは「もっと教えてくれよ」とビルを仲間に加えました。

　文字にすると簡単に思えるかもしれませんが、当時の人種差別問題は本当に根深く、悲惨でデリケートなものでした。そんな時代に人種を超えてチームを組むのは、誰も考えつかない（考えても実行できない）ことです。

　業界の慣習や組織の暗黙ルール、または周囲の目……人種差別ほどではなくても、思考やアクションを阻む差別・偏見は現代でも存在します。しかし、もしかしたらそれらは飛び越えられる壁かもしれません。「もっと良い音楽を」という感性に従うマイルスのアクションには、いつも勇気を与えられます。

　マイルスのイノベーションはまだまだ続きます。例えば「何か新しいことをやろう！」と思ったとき、あなただったら何をしますか？
　ここからのマイルスの行動には、「これぞアーティスト思考」といえる真髄があります。彼は新しい音楽を作ろうとして、音楽の歴史に目を向けたのです。マイルスは、音楽の創成期に登場した『グレゴリオ聖歌』をヒントにしました。

過去に戻った帝王

グレゴリオ聖歌といえば第3章で説明したとおり、教会旋法によって始まりの音と終わりの音が決まっています。旋法（モード）は8つあって決められた音の中で行うというものでした。そして和声（コード）が出る前の作曲方法です。

ということは、グレゴリオ聖歌は和声の影響を受けていないということでもあります。そもそも和声がなかった時代のものだからです。

「和声から逃れるのだったら、和声がなかった時代に戻ればいい」というのがマイルスの発想だったのではないでしょうか。創作に対する凄まじい執念です。

新しい作品をつくるのに過去に戻るという発想、しかもジャンルの全く違うグレゴリオ聖歌、そこまで既成概念を超えて戻ることができることが脅威といえます。

新しいものをつくるには、過去にもヒントがある。マイルスはそれを知っていたのです。彼は過去を古臭いものと思っていませんでした。過去は過去で、イノベーションが起きていたはず。

だから、**過去のイノベーションが「今」にとってどういう意味があるのかを紐付けできれば、過去のものでも学べることはたくさんある**のです。だから私たちは勉強するのであって、それが教養や知識と呼ばれます。

グレゴリオ聖歌の教会旋法はひとりで歌っていたから成り立ちました。しかしそれをバンドでやるとなれば話は違ってきます。メンバー間の信頼や理解がないと上手くいかず、一方でコード進行を決めすぎると解放にならない。だから並外れた感性と瞬時に反応する技術を兼ね備えるミュージシャンが必要だった。それがアルバム『**Kind of Blue**』の制作に錚々たるプレイヤーが集まった理由です。

奇跡の時代

　思い出していただきたいのですが、コード進行にはある程度のパターン（カデンツ）があり、聴き手を感動させることはカデンツに則れば難しいことではありません。しかし逆はどうでしょうか。つまり、お決まりのコード進行に従わないというのは、聴き手を感動させるのが難しいということです。

　各々が好きに弾くからどう展開するのか、どこに帰結するのかわからない。しかも音楽は結局のところビジネスです。聴き手の心を揺さぶるクオリティに仕上げるには多少の努力でできるものではない。

　その試行錯誤で生み出されたのが「モード奏法」というスタイルです。どういうものかは『So What』という曲の映像で様子が見てとれます。メンバー同士がチラチラと目くばせしていますが、これはその場で指示が飛んでいるのです。決まったパターンがないから挙動や互いの目くばせで察知して「演奏が長いよ」とか「次は俺？」といったようにインタラクティブに演奏しています。

　当時、当たり前とされていたロジックを壊したマイルスと、彼の意向についていける神業といえる技量を持ったミュージシャンたちが同時期に活動していたことは紛れもなく奇跡といえるでしょう。

　マイルスだけではなく、当時（特に1950～60年代）のジャズは奇跡で溢れていた。アート・ブレイキー、セロニアス・モンク、ソニー・ロリンズなど、レジェンドを挙げればキリがありません。彼らがしのぎを削り、今なお語り継がれ、たくさんの人の心を惹きつけてやまない名作の数々が生まれた時代です。

　時代背景やプレイヤー同士の巡り合わせなど、このときしか起こりえないことがたくさんありました。ジャズを聴くたびに奇跡や運命みたいなものに想いを馳せずにはいられないのです。

COLUMN 5
音楽の名

　かつて、音楽には名前——要するにタイトルがありませんでした。現代とは違い、昔はつけるものではなかったのです。

　それは「絶対音楽」という考え方で、言葉や物語、情景を表現せず、純粋に音に焦点を当てた音楽形式を意味します。「音のみで音楽を表現する音楽の形式」ともいえます。

　絶対音楽では歌詞を用いず、単に音の組み合わせや楽器の演奏によって表現します。そのため聴衆それぞれが音楽を受け入れ、それぞれに解釈できるという自由度があります。感覚的な響きや楽器の音色、音楽理論に重きが置かれ、音楽の本質を表現する独自の芸術形式として大変魅力的なジャンルです。

　ロマン派音楽の先駆者として絶対音楽の発展に寄与したのがベートーヴェンです。彼は、絶対音楽を尊重し多くの交響曲にタイトルをつけずに作曲し、純粋な音楽的表現をすることにこだわりました。

　交響曲第3番「英雄」や交響曲第6番「田園」のように、いくつかの作品には副題をつけましたが、彼の交響曲や弦楽四重奏曲は特定の物語や文脈にとらわれず、聴衆の感情や思考に音楽そのもので訴えかけることで絶対音楽の理念を体現しています。彼の作品は絶対音楽の最高傑作とみなされ、後代の作曲家に多大な影響を与えたのは誰もが知るところです。

第 6 章

音楽のモジュール化

遊びは結果を求めませんし、プロセス。
僕が音楽を作るのもそんなプロセスが面白い
から。
子供の砂遊びみたいに何を作ろうとイメージ
するのではなく、いじっているうちに形になっ
ていく。それが創作であり僕にとって創作こそ
遊びだと思います。

坂本龍一

1 イノベーションの伝播
マイルス・デイヴィスⅡ

全てはまだ見ぬ表現のため

「いいプレイをするなら、肌の色が緑色でも水玉の息を吐く奴でも雇う（give a guy with green skin and "polka-dotted breath" a job）」とはマイルスが残した名言です。キャリアも肌の色も関係なく凄いやつと一緒にプレイがしたい。こうした彼のスタンスがうかがえます。

ビル・エヴァンスをメンバーに加える、教会旋法に立ち戻るといった偉業をやってのけたマイルス。その後も次々と変革を起こし続けていくのですが、それは決して平坦な道ではありませんでした。

ほとんどの聴き手はこれまでと同じものを、つまり新しいものよりも「今ヒットしているああいう曲を聴かせてほしい」と、今までと変わらぬよさを求めます。

しかし、イノベーションを起こし続けたマイルスは常に貪欲に変化してきました。

だからアルバムを出すたびに「こんなのマイルスじゃない、ジャズじゃない」と非難され続けたのです。しかしそれが何年か経つとスタンダードになり、新しいジャズとして定着し、その後またマイルスは新しいものを出しては叩かれて、を繰り返します。

これほど生涯にわたりイノベーションを生み出し続けたミュージシャンがいたでしょうか。私はイノベーションについて考えるとき、マイルスが起こしてきた奇跡ともいえる偉業を常に意識してきました。

アーティスト思考を理解するにあたって、これほど適したアーティストはいません。ちなみにアーティスト思考の構成要素として挙げて

第 **6** 章

音楽のモジュール化

いる**直感・共感・官能**という言葉も、マイルスから拝借しました。

　本章の前半は、マイルスの活動を通して才能溢れるアーティストや作品に焦点を当て、イノベーションについて解説していきます。

　マイルスはさまざまなアーティストから影響を受けて変化し続けてきましたが、特に注目すべき影響を与えたアーティストがギル・エヴァンス（1912〜1988年）です。

特殊技術の導入　ギル・エヴァンス

　ギル・エヴァンスはビル・エヴァンスと名前が似ているのでよく勘
違いされますが別人です。ギルがマイルスに多大な影響を与えたの
は、クラシックのオーケストラアレンジの才能でした。オーケストラ
の構成やアレンジを行うスキルなのですが、実際の音を鳴らしながら
作曲することは不可能なので、何段にも連なる楽譜から脳内で音を組
み合わせ作曲する高等な技術が求められます。

　私も音大留学時代にこの技術＝オーケストレーションを学びました
が、シンセサイザーの自動演奏機能を使って学んでいました。脳内の
みでオーケストラの音を再現する作曲は、私にとっては想像もできな
い能力です。ジャズバンドはドラム、ベースのリズム隊を中心にピア
ノ、管楽器、ギター等の３〜５人の小編成が通例だったので、本来
オーケストレーションの概念は全くありませんでした。
　しかしそこはマイルスの発想で、ジャズにクラシックのオーケスト
レーションを取り入れるためにギルにジョインしてもらい、彼を信頼
して曲作りを行います。

　これはクラシックのオーケストラアレンジができるアーティストな
ら誰でもよかったわけではなく、ギルも多様性に対応し既存の音楽概
念にとらわれずにマイルスと共感し融合した結果、新しい音楽を生み
出したのです。
　ビジネスの世界でも、自分と専門や業界が違う人が新しいアイデア
を持ってくると色々と意見が対立してしまい、なかなか受け入れられ
ません。しかしマイルスは畑が全然違う人であっても、その感性を取
り入れる。しかも受け入れるだけではなく融合し新しいルールを作り

出してそれに従い、曲作りを行う。

　その才能のぶつかり合いが結実してできたのが、1960年にリリースされた『**Sketches of Spain**』というアルバムです。収録されている『**Concierto de Aranjuez (Adagio)**』という曲を聴いていただくと、どれだけの変化が起きたのか、よくわかります。

　このアルバムは、異なるジャンルの音楽を融合させるクロスオーバー音楽の新たな方法を提示した傑作として評価されており、ジャズ音楽史の革命的な瞬間といえます。スペイン音楽やクラシック音楽の要素をジャズに組み込んだ実験的な作品であり、音楽的意義は多岐にわたっています。

エレクトリック・ジャズの誕生 『In A Silent Way』

　イノベーションとは化学反応である。自分ひとりではなく、誰かと組むことによって革新的なことができるのではないか。そう考え、実行することがイノベーションの源泉になります。

　イノベーションに大切なことは、繰り返しですが従来の常識やフォーマットを知ったうえで壊すことです。例えばジャズでいえば必ずピアノがいて、ベースがいて、トランペットがいて、サックスがいて、あとはドラムを加えてといった編成がフォーマットでした。

　ロックやファンク、ディスコミュージックが電子楽器を積極的に取り入れているのにもかかわらず、初期のジャズはエレクトリックな楽器を拒んできました。マイルスはそのフォーマットをやはり壊していきます。シンセサイザーを操るジョー・ザヴィヌル（1932〜2007年）、エレキギターをメインに演奏する次世代ギタリストのジョン・マクラフリン（1942年〜）といったミュージシャンをメンバーに招き入れたことの音楽的意味は大きかった。

　恐らくですが、マイルスの中には当初どんな音楽が生まれるのか、出来上がる音楽の完成形は見えていなかったと思います。しかし「この人とコラボレーションしたらどうなるか」という実験的なマインドセットと想いで挑戦したはずです。

　そしてできたのが『**Shhh / Peaceful**』という曲でスタートする『**In A Silent Way**』というアルバムです。

第 6 章

音楽のモジュール化

　エレクトリックピアノやエレキギターが加わることで、ロックとしての要素が非常に強くなっていますが、あくまでマイルスのオリジナルサウンドです。この時期から、マイルスの中でもロックは見過ごせないものになっていきます。

　その後、さらにロック色を強めた作品『**Bitches Brew**』が誕生し、ジャズとロックが融合した「フュージョン」という新たなジャンルを確立していきます。これも、イノベーションが生まれた瞬間です。

イノベーションは伝染する

　1920〜1930年代のティンパンアレイ、ガーシュウィン兄弟が活躍をしていたころ。前述のとおり、当時はスタンダードナンバーと呼ばれる曲がたくさん出てきました。

　スタンダード曲は、ミュージシャンにとって即興演奏やアレンジのプラットフォームとしての 役割を果たします。ジャズにおいては音楽の基盤となり、新たな世代のミュージシャンにとって学びと創造の源となっています。スタンダードとはジャズの 歴史と進化の一部であり、その多様性と普遍性から、ジャズの素晴らしさと魅力を象徴している曲といえます。

　一方でジャズ界ではある時期からスタンダードが出てこなくなっており、20年代30年代の曲をずっと演奏し続けていました。そんな中でマイルスは「現代だって名曲はたくさんあるのに、なぜスタンダードナンバーが出てこないんだ？」と、聴衆に投げかけます。そして彼は当時のポップスをカバーしはじめました。マイケル・ジャクソンの『**Human Nature**』やシンディ・ローパーの『**Time after Time**』といったヒット曲です。

　コードの呪縛を離れてビバップ、モードという演奏をやって、またコードに戻ってきました。戻るどころか、プレイしているのはコード進行の集大成であるポピュラーミュージックです。美しいものやかっこいいものを求めれば、「こうあるべきだ」という狭いこだわりや了見、表現における偏見はなくなっていくことを彼は示しているのだと思います。

第 **6** 章
音楽のモジュール化

　この時点で彼も晩年ですが、まだ終わりではありませんでした。最後にもう一枚ジャズの革命となるアルバムを作ろうとします。

　それはイージー・モー・ビーというヒップホップのプロデューサーとのコラボレーションでした。制作開始直後にマイルスは亡くなってしまいますが、残された音源をイージー・モー・ビーが仕上げて発表されたのが『**Doo-Bop**』という作品です。このアルバムは、ギル・エヴァンスとのアルバムでの大人数のオーケストラ編成に反し、イージー・モー・ビーと 2 人だけで生み出したものでした。全ての既成概念を壊し続けたマイルスの集大成といえます。

　『Doo-Bop』は、マイルス・デイヴィスの最晩年に制作されたアルバムで、ジャズとヒップホップの融合が大胆に試みられました。マイルスがジャズ界のレジェンドとしての地位を確立した後に、新たな音楽の可能性を模索したものです。彼のトランペットがヒップホップのビートと組み合わさり、ジャズの美学とヒップホップのリズムが見事に交差しました。当時としては画期的な試みであり、音楽のジャンルの垣根を越えた融合として高く評価されています。

　また、『Doo-Bop』はジャズとヒップホップの異なるファン層を結びつける架け橋として機能し、若い世代にもジャズの魅力が伝えられるようになりました。このアルバムはジャズ音楽の進化と、音楽が持つ可能性の探求心を示す作品として、音楽史において輝き続けているのです。

目まぐるしいほどに壮絶なコラボレーションを起こし続けてきたマイルスですが、着目すべきなのは、組んだミュージシャンたちもさまざまな活動でイノベーションを起こし続けたことです。ジャコ・パストリアスやマーカス・ミラー、キース・ジャレット……いずれもレジェンドや神様と呼ばれるプレイヤーばかりです。

　やはりマイルスという稀代のプレイヤーを近くで見て感じてきたからではないでしょうか。イノベーションの夢というのは伝染して続いていきます。私のイノベーションの想いも本書や授業を通じて多くの人に伝染していけば嬉しいなと思っています。

マイルスの人種を超えた
共感コラボレーション

第 1 期 クインテット・シクステット (1955 年 - 1958 年)
ジョン・コルトレーン（サックス）
レッド・ガーランド（ピアノ）
ポール・チェンバース（ベース）
フィリー・ジョー・ジョーンズ（ドラム）
キャノンボール・アダレイ（サックス）

第 2 期 クインテット (1963 年 - 1968 年)
ジョージ・コールマン（サックス）(-1964 年)
ハービー・ハンコック（ピアノ）
ロン・カーター（ベース）
サム・リヴァース（サックス）(1964 年)
ウェイン・ショーター（サックス）(1964 年 -)
ロスト・クインテット (1968 年 -1970 年)
チック・コリア（キーボード）
デイヴ・ホランド（ベース）
ジャック・ディジョネット（ドラム）(1969 年 -)
トニー・ウィリアムス（ドラム）(1968 年)

『ビッチェズ・ブリュー』期 (1970 年)
ウェイン・ショーター（サックス）(-1970 年春)
スティーヴ・グロスマン（サックス）
ゲイリー・バーツ（サックス）(1970 年夏 -)
ジョン・マクラフリン（ギター）(不定期)
チック・コリア（キーボード）
キース・ジャレット（キーボード）
デイヴ・ホランド（ウッドベース・エレクトリックベース）
ジャック・ディジョネット（ドラム）
アイアート・モレイラ（パーカッション）
ベニー・モウピン（バスクラリネット）
ハーヴィー・ブルックス（エレクトリックベース）

『ライヴ・イヴル』期 (1970 年 - 1971 年)
ゲイリー・バーツ（サックス）
ジョン・マクラフリン（ギター）(不定期)
キース・ジャレット（キーボード）
マイケル・ヘンダーソン（ベース）
ジャック・ディジョネット（ドラム）(-1970 年前期)
レオン・ンドゥグ・チャンクラー（ドラム）(1970 年後期 -)
ジム・ライリー（パーカッション）(-1970 年初期)
アイアート・モレイラ（パーカッション）(-1970 年前期)
ジェームズ・エムトゥーメ（パーカッション）(1970 年後期 -)
ドン・アライアス（パーカッション）(1970 年後期 -)

『オン・ザ・コーナー』期 (1972 年 - 1973 年)
カルロス・ガーネット（サックス）
レジー・ルーカス（ギター）
セドリック・ローソン（キーボード）
マイケル・ヘンダーソン（ベース）
アル・フォスター（ドラム）
ジェームズ・エムトゥーメ（パーカッション）
カリル・バラクリシュナ（シタール）
バダル・ロイ（タブラ）

一時引退直前期 (1973 年 - 1976 年)
デイヴ・リーブマン（サックス）(-1974 年)
ソニー・フォーチュン（サックス）(1974 年 -1975 年)
サム・モリソン（サックス）(1975 年 -)
レジー・ルーカス（ギター）
ピート・コージー（ギター）
ロニー・リストン・スミス（キーボード）(-1973 年初期)
マイケル・ヘンダーソン（ベース）
アル・フォスター（ドラム）
ジェームズ・エムトゥーメ（パーカッション）
カリル・バラクリシュナ（シタール）(-1973 年初期)
バダル・ロイ（タブラ）(-1973 年初期)

一時引退期 (1976 年 - 1980 年)
ラリー・コリエル（ギター）(1978 年)
菊地 雅章（キーボード）(1978 年)
ジョージ・パヴリス（キーボード）(1978 年)
T.M. スティーブンス（ベース）(1978 年)
アル・フォスター（ドラム）(1978 年)

カムバック後 前期 (1981 年 - 1984 年)
ビル・エヴァンス（サックス）
マイク・スターン（ギター）
マーカス・ミラー（ベース）
アル・フォスター（ドラム）
ミノ・シネル（パーカッション）
バリー・フィンティー（ギター）
サミー・フィゲロア（パーカッション）

カムバック後 中期 (1984 年 - 1986 年)
ボブ・バーグ（サックス）
ジョン・スコフィールド（ギター）
ロバート・アーヴィング（キーボード）

2 音楽の存在と定義を変えた思想家たち

近代最後のイノベーション

坂本龍一氏曰く、近代音楽最後のイノベーションと言わしめた**ミニマル・ミュージック**。音の動きを最小限に抑え、パターン化された音型を反復させるというスタイルが特徴です。シンプルな和声で構成されており、従来の音楽構造の打破と新しい聴覚体験をもたらしました。

1968年、当時の作曲家であり音楽評論家でもあるマイケル・ナイマンによって持ち込まれた概念で、元々は抽象画などを表現するときのスタイルであるミニマリズムからきています。音楽では主にアメリカの作曲家たちによって展開されました。

ミニマル・ミュージックは20世紀後半の音楽における革命的な動きといえ、アヴァンギャルド音楽とポピュラー音楽という全く異なる音楽の要素を結びつけたものとされています。ロック、ジャズ、クラシックなど広く影響を与え、現代音楽の形成に寄与しました。

ミニマル・ミュージックは音楽の概念を再評価し、後述するような数々の代表作に見られる独自の美学と革新的なアプローチが、音楽の多様性や実験性を広げました。ビジネスの観点でも活かせるイノベーションのヒントを多く見出すことができます。

ここからはミニマル・ミュージックの巨匠たちに焦点を当てて解説をしていきます。

ミニマル・ミュージックを語るうえで外せないのが、この言葉や概念がなかったころからミニマル・ミュージックに挑戦していたアーティスト、天才作曲家のエリック・サティです。

家具の音楽　エリック・サティ

　音楽界の異端児と呼ばれるフランスの作曲家、エリック・サティ（1866〜1925年）。彼は実験的な独自の音楽スタイルで知られ、ミニマリズムやアンビエント音楽の先駆けとされています。単調なリズムや和声、短い楽曲タイトル、奇抜な指示を用い、サティ自身が「musique d'ameublement」（家具の音楽）と呼ぶ音楽を作り上げました。独創的な作品だけでなく、サティ自身がアヴァンギャルド運動とも関わるなど、クラシック音楽の世界で独特なポジションにいる音楽家といえます。とにかく既成概念に縛られず、様式美やルールに抗い、全身全霊がアーティスト思考といえる人物です。

　例えば教会旋法をクラシック作品に取り込んで調性を放棄、すなわち長調や短調による音楽からの脱却を行いました。また、伝統的な対位法の中における禁則をあえて破るなど、違反進行と呼ばれる行為がとにかく多かったそうです。

　ちなみにクラシックに教会旋法を取り込むという行為はマイルス・デイヴィスもすごく影響を受けていました。変わったことばかりやっていたわけではなく『**Gymnopédies**』や『**Gnossiennes**』といった美しく静謐な名曲も残し、ドビュッシーやモーリス・ラヴェルといった巨人たちにも影響を及ぼしているのが凄いところです。

　サティがどんなミニマル・ミュージックをやったのかは、『**Vexations**』という曲でわかります。この曲は52拍から成る非常に短いピアノ曲で、わずかな楽譜で成り立っていますが、演奏上「840回反復して演奏する」という奇抜な指示がついています。短く、単調ながらも反復の積み重ねによって聴衆に不安感や困惑の印象を与えます。サティはこの曲を「音楽の夜想曲（Nocturne）」とも呼び、一種の音楽的実験として位置づけました。

『Vexations』は前衛音楽や実験音楽の先駆けとされ、20世紀の音楽において反復と抽象性の概念を探求するひとつの例です。この曲は特定のパフォーマンス形式に従う必要があり、そのため、演奏は稀ですが、1963年に行われた歴史的な一連の公演（「Vexations マラソン」などと呼ばれます）では、多くの音楽家が協力して実施されました。これはパフォーマンスアートとしても注目され、音楽の限界と実験的アプローチに挑戦した作品として評価されています。

　晩年、彼は「家具の音楽」を提唱するようになります。能動的に聴く音楽ではなく、家具という言葉通りに生活の中に自然なかたちで存在する音楽を目指したのです。このコンセプトは、音楽が日常生活や環境に統合され、特定の音楽の演奏ではなく、背景音楽として存在するアイデアです。サティは、この音楽が家具や空間と調和し、日常の雑踏や対話を補完する役割を果たすべきだと考えました。
　このコンセプトは後のアンビエント・ミュージックや環境音楽の先駆けとなり、音楽が単なる娯楽以上の意義を持つ可能性を示唆しました。サティの「家具の音楽」は、音楽が日常生活と共存し、空間と調和する方法についての貴重な考え方です。

　ここで重要なのは、なぜこの音楽が生まれたのか、ということです。思うにサティは音楽の常識といわれるものに一石を投じたのです。「形式はこうだとか、聴き手を感動させるためにこうあるべきなんて、自分にはそんなの関係ない」と。伝統や形式に則ってつくる誰かを喜ばせる音楽ではなく、ひたすら単純なものをやって、みんなを飽きさせてやろうという姿勢でした。一般的な音楽家とは全く違う発想です。なにかイノベーションを起こすときには、サティのように常識を疑い、一石を投じてみるのも方法のひとつかもしれません。

エリック・サティ
Photo by Getty Images

音楽のモジュール化　テリー・ライリー

　ミニマル・ミュージックの大御所をもうひとり紹介します。アメリカの作曲家テリー・ライリー（1935年〜）、彼は『In C』という曲で音楽を**モジュール化**しました。

　『In C』は、20世紀の音楽においてミニマリズム運動の先駆けとして、音楽の新たな可能性を切り拓いた革命的な作品と評価されています。その音楽的な意味と重要性について詳しく見てみましょう。

　『In C』は、楽器奏者たちがモジュール化（分割と再構築）された繰り返しのフレーズを演奏し、各奏者が自分のペースで進行する楽譜に基づいて構成されています。このアプローチによって演奏は常に自由で異なるため、即興性が重視されるようになります。これは、演奏者たちが自分自身を表現し、新たなアイデアを探求するためのプラットフォームともいえます。

　この曲は53個の独立した譜面（モジュール）から成り、それぞれはほぼ同じ1拍の長さで、各々が異なった音楽のパターンを有します。どういうことかというと、私は何番をやります、あなたは別の番号、さらにあっちの人はまた別の番号、と割り振ったら、あとはどのタイミングで演奏してもいいというものです。休んでもいいし、一気にやってもいい。音楽というモジュールを所有して表現をするのだけど、表現できるのはその1拍のみ。

　極端な話、全員が演奏をサボったらサイレンス、それも音楽として捉える。「音楽とはこうあるべき」「音楽は音が鳴っているもの」という概念をガラッと変えたのがテリー・ライリーの凄さです。

　また、集団演奏とアンサンブルが『In C』の鍵要素となっています。奏者たちは互いに協力しあいながら音楽を進行させますが、この連帯感は音楽の共同制作に新たな視点をもたらしました。

　もっとも重要なのは、この作品が音楽的フレーズの積み重ねと変容に焦点を当てていることです。必要最小限を目指す中で繰り返しの演奏による微妙な変化が独特の響き（と感動）をもたらし、ミニマリズムの核心的な概念を体現しているといえます。『In C』は音楽の表現と演奏の新たな地平を開拓した作品として20世紀の音楽において重要な作品と位置づけられています。

　彼の思想はビジネスにも具体的に応用できます。例えばプロダクト（商品）で考えてみると、プロダクトはひとつの塊だけど、それをモジュールとして分解してもいいんじゃないか、という発想に繋げられます。音楽におけるモジュールは譜面ですが、ビジネスでいうモジュールとは製品やサービス、さらには会社を構成する機能や部分を指します。

　ビジネスのモジュール化においてAmazon.comのAWS（Amazon Web Services）は好例といえます。自社プラットフォームを運営するためのクラウドコンピューティングを外販するというモデルで、既存のビジネスモデルを構成する機能やリソースを切り出しています。従来、企業が自分のコンピュータリソースを外に出すことなんてあり得ませんでした。

　今後、ビッグテック企業を中心にビジネスのモジュール化は活発になるでしょう。その規模でなくとも、自分の事業を構成する要素を洗い出してみるのはモジュール化の第一歩です。

ミニマリズムとは冗長さや複雑さを削減して核心に焦点を当てる哲学といえ、モジュール化はプロダクトだけではなくビジネスプロセスにも転用可能です。

　その効能やメリットは多岐にわたり、まず生産性の向上があります。モジュール化することでプロセスごとの機能やタスクを明確に把握することができるようになり、リソースの最適な配分と活用が容易になるのです。

　またモジュールは独立して拡大または縮小ができ、ビジネスのサイズに合わせて柔軟に適応でき、新たな市場への進出や新製品の開発をスムーズに行えます。モジュール化することで全体的な影響を抑えられるため、部分的な変更やアップグレード、新しい試みを実行しやすくなるという面もあります。

　外部の企業や専門家との協力も容易になります。共同開発やリソースの共有が活発になり、ビジネスエコシステムの拡大も期待できます。

　このように、ビジネスプロセスやプロダクトの常識をモジュール化してみることで、新たな可能性をひらけるかもしれません。

　音楽でも「これが完成形だ」と誰もが思っているものも壊している人がいます。言い方を変えると、メインストリームや常識に疑問を持っている人がいる。曲とはなにか、音楽とはなにかと疑問を呈している。テリーの作品は、常識を疑うことの難しさと重要性を教えてくれます。

第 6 章

音楽のモジュール化

テリー・ライリー
Photo by Getty Images

音楽思想家　スティーブ・ライヒ

　「音楽はこうあるべき」と語る人を音楽思想家と呼ぶことがあります。そういう意味ではどのミュージシャンも音楽思想家といえます。

　マイルス・デイヴィスが特にわかりやすく、彼がクールジャズを生み出したのは、「これまでのビバップは気持ちよくないんだ」という憤りが起点です。「だから俺は白人の魂を入れて、クラシックの要素を入れてもっと聴きやすい音楽を作ってやる」という思想が根底にあります。そして実際に形にしました。

　ビジネスでいえば思想とは、ビジョン、ミッション、バリューみたいなもので、すなわち思想とは音楽を構成する要ともいえます。「なぜこの音楽が必要なのか」「この音である理由はなにか」と考えることが創作において重要なのです。

　現代でもっとも独創的といわれる音楽思想家は、スティーブ・ライヒ（1936年〜）です。彼は言葉にこだわりました。モジュール化の祖であるテリー・ライリーの流れを汲んで、テープレコーダーに同じ言葉を何度も連続して吹き込んで曲を作りました。

　それが「It's Gonna Rain」という言葉で、曲のタイトルもそのまま『**It's Gonna Rain**』。ひたすらにIt's Gonna Rain、It's Gonna Rain、It's Gonna Rain……と続き、だんだんと重なり合ってうねりを起こすというもの。何も知らずに聴くと「これが音楽？」と感じますが、これも音楽、これがミニマル・ミュージックなのです。

第 6 章
音楽のモジュール化

　「It's Gonna Rain」は、ミニマリズム音楽の誕生という観点から音楽的に大きな意味をもつ作品です。この作品は1965年に制作され、その手法と概念は後のミニマリズム運動に多大な影響を与えました。

　「It's Gonna Rain」では、磁気テープを用いて、2つの異なる録音の断片を反復的に重ね合わせる手法が取られています。この反復は特定のフレーズであり、それが時間の経過とともに微妙にフェーズシフトを起こすことで、独自の音楽体験を生み出します。この手法は後のミニマリズム作曲家たちによって採用され、ミニマリズムの基本原則となりました。

　音楽的な意味以外にも、「It's Gonna Rain」は環境音楽とコンセプトアートの一部としての役割を果たしています。作品の環境音との相互作用を通じて、聴衆は音楽と周囲の音の絶えざる変化と相互関係に没頭します。音楽と環境の境界が曖昧になり、空間全体が音楽の一部として感じられます。

　さらに、「It's Gonna Rain」は社会的な意味合いも持ちます。タイトルから派生した「It's Gonna Rain」のフレーズは、宗教的なメッセージとしての一面を持ちながら、社会的な意味をもたせました。この作品はメッセージと音楽の相互作用を探求し、コンセプトアートの一環として社会的な議題に関心を引きつけました。

　つまり「It's Gonna Rain」は音楽的革新、環境音楽、社会的メッセージといった要素を織り交ぜ、ミニマリズム運動の先駆的な作品として、音楽の多くの側面に影響を与えた作品といえるのです。

ライヒが『It's Gonna Rain』のような（風変わりな）作品ばかりを作っていたかというとそうでもなく、さまざまなアーティストとコラボレーションもしてメロディアスな作品も作っています。例えば先述の「ピカソ・ギター」を弾いたパット・メセニー。メセニーは有機的で体温がある、いわばライヒとは音楽的には対極にある人ですが、この2人が組むことで一気に耳馴染みの良い、美しいメロディラインを持つ曲を仕上げました。

　それが『**Electric Counterpoint (Fast Movement - Part 3)**』です。天才メセニーと異才ライヒの素敵なコラボレーションです。

　スティーブ・ライヒはアメリカの現代音楽の巨匠と呼ばれ、高い評価を得ているアーティストです。その音楽は繰り返しとフェーズシフティングという技法に特徴があり、既存の音楽とは異なったフォーマットをしているため、音楽に聴こえないと感じる人もいると思います。

　フェーズシフティングとは2つの同じ音を同時に流し、片方のピッチ（速度）を変えることで音のズレを生じさせる独特の技法です。彼の作品は、リズムやメロディの微妙な変化を通じて時間と空間の探求から表現していくことを目指しています。彼の音楽は単純な要素を反復しながら徐々に変化し、新しい音響体験を生み出しています。

　また、ライヒの音楽にはしばしば社会的なテーマや哲学的なアイデアを探求し表現するという特徴があり、聴衆に深い思考と感情の洞察を、音楽を通じて提供しています。

　ライヒの作品は、ある意味で音楽の枠を超えてアートとしての存在価値を高め、現代音楽の新たな方向性を切り拓いたといえます。既成

第 6 章
音楽のモジュール化

概念やフォーマットにこだわらない点がイノベーションの鍵であり、ライヒはひとりで音楽を表現することにもこだわらず多様なジャンルのアーティストとコラボレーションを重ねて新しいものを作っていきました。「誰とコラボレーションすべきか」は常識や既成概念を超えることによって非連続的な変化を生み出せます。

　ビジネスにおいても組む相手の多様性と、相手によってどんなイノベーションを生み出せるかを考えることが重要なポイントといえるでしょう。

音楽の位置づけとフォーマットを変える　坂本龍一

　2021年12月、とあるNFTプロジェクトが日本国内でスタートしました。2023年に亡くなった音楽家、坂本龍一さんの楽曲『**Merry Christmas Mr. Lawrence**』を分割して、それらを一音ずつNFT化して販売するというものです。

　坂本さん自身が奏でた1音に価値を見出し、楽曲として完成された音楽としての価値を超えた新しい考え方を、アートとテクノロジーの融合で実現した革新的な事例であり、音の価値の根本をこれまでにはなかった発想で捉えた新しい音楽のフォーマットとして、大きな意味があることでした。

　坂本さんは東京藝術大学で作曲を学ぶ一方、在学中には日本のトップフュージョンバンドで活躍しました。その後に結成したYellow Magic Orchestra（YMO）での世界的な活躍、そしてソロではさまざまな音楽に挑戦し、映画音楽にも取り組んでアカデミー賞を受賞するなど、これほど世界で活躍した日本人アーティストはいないでしょう。

　まず、細野晴臣さんと2023年に亡くなられた高橋幸宏さんという2人の天才と組んだYMOはテクノポップと呼ばれる新しい音楽ジャンルを牽引する本当に革新的な存在でした。特に、人とコンピュータとのセッションという全く新しい概念とアプローチを行って世界を驚かせたのがYMOでした。

　現代では音楽にコンピュータを導入するのは当たり前ですが、コンピュータに人がリンクして演奏するスタイルは当時誰もしたことがなかったので常に挑戦（と失敗）の連続だったようです。私の世代で音

第 6 章
音楽のモジュール化

楽が好きな人なら、誰しもYMOの登場は強烈に印象に残っているのではないかと思います。

　ソロでの作品としては大島渚監督の『戦場のメリークリスマス』、ベルナルド・ベルトルッチ監督の『ラストエンペラー』の音楽を手掛けるなど、映画とのコラボレーションを繰り広げます。

　アーティスト同士が同期するフュージョンから始まり、コンピュータと正確に同期するテクノポップ、そして映画音楽と同期するサウンドトラックを極めた坂本さんが最後にたどり着いたのが「非同期的な音楽」というものでした。「世の中の音楽の99％は同期している」「同期するのは人間も含めた自然の本能だと思うが、あえてそこに逆らう非同期的な音楽を作りたい」という旨をインタビューなどで語っています。

　そして2017年に行ったのが『**async**』というアルバムの発売を記念して、たった200人の観客を入れて行ったライブでした。コンピュータとのセッションでは同期を求め、最終的には非同期に行き着いた坂本さん。彼の人生とはイノベーションの歴史であったと思います。

　音楽でメッセージを発するなんてことは考えていないと当時の坂本さんは語っています。

「そんなことに音楽を使うなんてもったいない。僕自身は確かに非同期的な人間かもしれませんが、同期するのが悪いとは思いませんし、非同期的に生きるべきだとも思わない。いま自分がやりたい音楽が非同期的なことだったというだけです。ただ僕がやっていたテクノミュージックは、同期するための音楽。行き着く先は個人の消滅です。そこには昔から危機感があったということがいまにつながっているのかもしれません」

　GQ Japan　2017年5月11日　より引用

　同期する音楽が行き着く場所は、個の消滅。だからこそ、非同期の音楽を創り出す必要があったのかもしれません。しかし、私は坂本さんの最後の言葉に感銘を受けました。

　「あまりに好きすぎて、誰にも聴かせたくない」

　最後にわがままを通した坂本さんのアート作品が、個を活かす非同期の音楽だった事。そこに「アーティストとしての 坂本龍一」の姿を見た感じがしました。

　坂本さんの音楽は、芸術的な探求心と技術的な巧みさが融合し聴衆に新たな音楽的体験を提供し、かつ音楽の可能性を拡張する重要なアートであったといえるでしょう。

第 **6** 章

音楽のモジュール化

坂本龍一
Photo by Getty Images

形式の破壊が新たな創造の源泉

　ここまで見てきたように、ミニマル・ミュージックは、既存の音楽形式に対する挑戦と革新をもたらす役割をさまざま果たしました。主に次の内容が挙げられます。

　まず、従来の音楽構造や既存の音楽フォーマットに対する断固たる破壊を試みたことです。ミニマル・ミュージックは、反復的な要素や単純なフレーズの導入によって音楽を極端に簡素化しました。複雑な楽曲構造や伝統的な規範に挑戦したことで、音楽表現の新たなアプローチを提示しました。

　また、時間の変遷に焦点を当てたことが挙げられます。微細な音響変化やフェーズシフトが重要な役割を果たすことがミニマル・ミュージックの特徴のひとつです。このアプローチは、聴き手に時間との対話を意識させるという、新たな聴覚体験をもたらしました。

　さらに、音楽の空間的側面の探求、すなわち音の響きと沈黙の関係を浮き彫りにしました。これにより、音楽の演奏会場や録音空間の再評価が生じ、環境音楽やインスタレーションアート（場所や空間全体を作品として捉えるアートの概念）との結びつきが生まれました。

　最後に、ミュージシャンと聴衆の架け橋としての役割が挙げられます。反復要素や単純なフレーズによる微細な表現と微細な変化が共鳴をもたらし、双方にとって新たな音楽体験を生み出します。

　つまりミニマル・ミュージックは、音楽の既存の枠組みに挑戦し、楽曲構造、時間性・空間性、演奏者と聴衆の関係のそれぞれに変革をもたらし、音楽の多様性と実験性を広げ、表現の新たな可能性を切り拓いた革命なのです。

第 **6** 章
音楽のモジュール化

ミニマル・ミュージックは全ての決まりを破壊してしまい、普通では曲として成り立たないものをそのまま曲として独り立ちさせ、さらには予測不可能なライブでいろんなアーティストと化学反応を起こしていく音楽のプロセスそのものが、全く新しいアプローチです。超一流ミュージシャンが集まっているわけですから求められれば綺麗な曲も弾けます。それをあえて全部壊していくという発想がすごく面白いし興味深いものなのです。

こうやってチャレンジ、チャレンジ、チャレンジ！で、常識や概念、行く手を阻む壁を壊していくというアクションの大切さは、ビジネスでも同じです。何か新しいものが出るときはどこか気持ち悪さや違和感があるものですが、やはりまず出していくことが大事です。

そして、繰り返しになりますが、**形式やルールをきちんと学んでいると壊しやすい。**

よくビジネスでは非連続で革新的なアイデアを生み出す人は天才として祭り上げられます。ゼロベースで物事を発想していくのが天才だと言われがちですが、意外と基礎を大切にし、歴史に敬意を払い続けている人が多い。つまり、既存のものを壊していくには過去の知識や知恵がすごく大事だということです。

知っているからこそ、敬意があるからこそ、思い切り躊躇なく破壊していける。それが本章で見てきた革新的なアーティストたちのスタンスですし、アーティスト思考をビジネスに落とし込む技術のひとつでもあります。新しいビジネスを作るにあたっては破壊をひとつのテーマにしてみるのがいいでしょう。

ミニマル・ミュージックは
音楽形式の破壊

● 楽曲構成上もっとも小さなまとまり

　＝〈 小 楽 節 〉

● ひとつの独立した楽曲となることのできる規模としての最小のまとまり

　＝〈 大 楽 節 〉

● ひとつの大楽節で構成される楽曲の形式

　＝〈 一 部 形 式 〉

● 古典派以降の特に器楽曲で多用された、楽曲の形式

　＝〈 ソナタ形式 〉

（序奏）提示部（第1主題－第2主題）展開部　再現部（第1主題－第2主題）結尾部

● ポピュラー音楽に使われる楽曲の形式

　＝〈 Aメロ - Bメロ - サビ 〉

COLUMN 6
マイルスの名作アルバム解説

マイルス・デイヴィスのアルバムについて、深掘りしていきます。
『Sketches of Spain』
　このアルバムはジャズに馴染みのない音楽ファンにも聴いていただきたい名盤です。異なるジャンルのクロスオーバーを実現したことは本文でも述べた通りです。制作に携わったギル・エヴァンスの編曲はスペイン音楽のリズムとメロディ、クラシック音楽の要素を巧みに取り入れ、マイルスのトランペットによってジャズの即興演奏と結びつきました。これはジャズとクラシックというジャンルの枠を超え、音楽の可能性を示してくれました。

　また、アンビエント・ミュージックの先駆けとも言え、環境や情景を音楽で表現するための手法を提示しました。アルバム全体がひとつの大きな音楽的ストーリーを語り、聴き手を異国の風景に誘います。

　さらに、このアルバムは視覚と音楽の融合における成功例でもあり、アルバムのジャケットやデザインも美術作品として高く評価されました。音楽とビジュアルアートの統合により、アルバム全体がひとつの芸術作品となりました。

　総括すると、『Sketches of Spain』は音楽ジャンルの垣根を越え、ビジュアルアートと音楽の交差点で新しい表現を切り拓いた点で、ジャズの進化と音楽の多様性を示す重要な作品といえます。

『In a Silent Way』

　ジャズ音楽史において画期的な意義を持つ作品である『In a Silent Way』。このアルバムはジャズの伝統的な要素と電子音楽、アンビエント・ミュージックの要素を見事に融合させた画期的な試みでした。シンセサイザーの導入によってサイケデリックな音響を採用したことで、従来のアコースティックなジャズから遠く離れた新たな音楽の領域を開拓しました。

　このアルバムは、ジャズにおける「コンセプトアルバム」の先駆けにもなりました。アルバム全体がひとつのコンセプトやストーリーを語る作品として捉えられています。

　また、『In a Silent Way』を語るときにもっとも重要な点は、このアルバムがジャズ・フュージョンの先駆けとなったことです。ロック、ファンク、エレクトロニカなど他の音楽ジャンルとの橋渡しを行い、後のジャズ・フュージョンの流れに大きな影響を与えました。

　この音楽的実験と進化は、ジャズの未来を切り拓く重要な一歩となり、多くのミュージシャンに革新的なアイデアをもたらしたのです。

第4部

プログレッシブな未来に
必要なもの

第7章

破壊と創造

絶望に満ちた世界にあっても、
あえて夢を追わなければならない。
不信に満ちた世界にあっても、
あえて信じなければならない。

*In a world filled with despair, we must
still dare to dream.
And in a world filled with distrust, we
must still dare to believe.*

Michael Jackson　マイケル・ジャクソン

1 過酷な社会課題と創造の発露 マイケル・ジャクソン

破壊と創造

　コラボレーションの重要性や、差別・偏見の乗り越え方、常識を破壊する方法について、数々のミュージシャンを例に解説してきました。もうひとり、フォーカスしたい人がいます。それはマイケル・ジャクソン（1958〜2009年）です。彼ほど、ポピュラーミュージックにおいて破壊と創造を体現してきた人はいないでしょう。本章の前半では彼の活動を振り返り、イノベーションのキーワードである**コラボレーションと社会課題**について見ていきます。

　マイケルの5作目のアルバム『**Off The Wall**』に始まり、「史上もっとも売れたアルバム」と評される『**Thriller**』やそれに続く『**Bad**』など、彼のキャリアは破壊的なコラボレーションとイノベーティブな創造の軌跡といえます。

　音楽だけではなく、先鋭的なファッションとダンスなど見た目にも強烈な印象を与え、亡くなった今もなおその影響は強大です。まさにKing of Popの名に恥じないスーパースターのマイケルですが、彼のキャリアは1970年代に天才子どもシンガーとして、アイドルから始まったことはご存じだと思います。

　『**I Want You Back**』や『**ABC**』といったヒット曲で知られるジャクソン5。兄弟たちで組んだアイドルグループの、その中心にマイケルはいました。曲を聴けばわかるように音楽性はアイドル路線で、特段イノベーティブとはいえません。ただポップな曲調は世界中で愛され、カバーやコマーシャルでの起用など、デビューから50年以上経っても未だに人気です。

　しかし華々しく見えても影はあって、兄弟間の確執や親からの暴力など暗い話は絶えませんでした。こうした家族との軋轢は後々、彼の音楽や他のミュージシャンたちへの向き合い方に影響を与えます。

第 **7** 章
破壊と創造

マイケル・ジャクソン
Photo by Getty Images

人を巻き込む天才

　活動するにつれて、マイケルと家族の間にある溝はどんどん広がっていきます。目指す音楽の方向性もすれ違うようになり、1972年ついにソロ活動をスタートさせます（最初のうちはグループ活動も並行していました）。

　その後1979年に発表したのが『Off The Wall』です。このときからすでに彼の破壊的なコラボレーションは始まっていました。

　彼の革新的だった点は、まずジャンルを超えた天才プロデューサーを起用したことです。そのプロデューサーはクインシー・ジョーンズ（1933年〜）。日本でも**『愛のコリーダ』**などでヒットを飛ばしているR&B界の大物です。ジャズトランペッターとして音楽業界に入り、ジャズ界でもデューク・エリントン、カウント・ベイシーといった大物たちのプロデューサーとしても有名です。

　マイケルが狙ったのはクインシーというジャンルを超えた天才プロデューサーとのコラボレーションによるアイドルポップからの脱却でした。その狙いは見事に成功し、後に続く究極ともいえるコラボレーションがここから始まりました。

　ちなみにプロデューサーとは簡単にいえば曲の構成を作る人を指します。作曲家の中にはメロディラインを作るだけという人も多く、例えば前奏や楽器の構成、テンポやハーモニーなどはプロデューサーが決めていることはよくあります（もちろんそうではないケースもあります）。

　プロデューサーが変わればアレンジも変わり、リスナーに受け入れ

られるかどうかも変わってきます。つまりプロデューサーの手腕は作品の売上に直接影響を及ぼし、音楽において非常に重要な役割なのです。

　ではクインシーの手によってマイケルがどのように変わったのかは、聴けば瞭然としています。『**Rock With You**』や『**Don't Stop' Til You Get Enough**』など、少し大人の音楽。私は彼の作品の中でも『Off The Wall』が一番の傑作だと思っています。この時点でまだ彼の才能はそれほど認知されてはいませんでしたが、マイケルのイメージを大きく変えた非常に意味があるアルバムでした。

　人は誰しも、自らを変えようと思っても、身に染みついたものを変えることは難しい。マイケルの場合はそれがアイドルポップでした。しかし誰かと一緒なら変えられる。

　マイケルは**人を巻き込んで新しいものを取り込み、生み出していく天才**でした。そういう意味でマイルス・デイヴィスとよく似ています。

規格外の表現

　マイケルの 6thアルバム『Thriller』は「史上もっとも売れたアルバム」と評されています。表題曲の『**Thriller**』は、音楽に興味がない人でも一度は耳にしたことがあるはずというくらい有名です。

　ここでは1983年に公開された『Thriller』のプロモーションビデオに着目してみます。

　当時、プロモーションビデオとは文字通り販促のためのツールで、それ自体には多額の予算をかけないというのが常識でした。マイケルはその常識を破壊します。

　彼は『トワイライトゾーン　超次元の体験』や『狼男アメリカン』で知られる往年の名映画監督ジョン・ランディスを起用してプロモーションビデオを作ってしまったのです。その長さは14分にも及び、もはやプロモーションビデオの枠を超えてショートフィルムといってもいいほどの仕上がりでした。販促のためだけではなく、作品としてつくりあげる「ミュージックビデオ」の金字塔とも評されています。

　内容はマイケルが特殊メイクを施して繰り広げられる本格的なホラー映画風。驚くべきはその予算で、当時は5万ドルほどが通例だったのが、『Thriller』は10倍の50万ドル、当時の日本円でいえば1億2000万円ほどの金額をかけました。とんでもないことです。

　なぜ彼はそこまでやったのか？　そこにあったのはやはり、破壊と創造でした。

表現の理由

　1981 年 に ア メ リ カ で 始 ま っ た 24 時 間 の 音 楽 専 門 チ ャ ン ネ ル「MTV」。今 で は 考 え ら れ な い こ と で す が、当 時 のMTVは 黒 人 音 楽 を 一 切 流 さ な い と い う 方 針 で し た。

　音 楽 業 界 内 の 黒 人 ア ー テ ィ ス ト や 関 係 者 は、MTVが 黒 人 ア ー テ ィ ス ト を 無 視 し て い る こ と に 不 満 を 持 ち、こ れ に 対 す る 圧 力 を か け ま し た。彼 ら は、黒 人 ア ー テ ィ ス ト の 才 能 と 音 楽 の 多 様 性 を 認 識 し、そ の ビ デ オ をMTVで 流 す よ う 要 望 し ま し た。

　同 じ 時 期、MTVの 視 聴 者 層 が 多 様 化 し、音 楽 の フ ァ ン は 黒 人 ア ー テ ィ ス ト の 音 楽 に も 興 味 を 持 つ よ う に な り ま し た。視 聴 者 の 要 望 に 応 え る た め、MTVは 人 気 の あ る 黒 人 ア ー テ ィ ス ト の ビ デ オ を 選 ぶ し か あ り ま せ ん で し た。

　そ の 決 定 打 に な っ た の が マ イ ケ ル の 楽 曲『**Billie Jean**』の プ ロ モ ー シ ョ ン ビ デ オ。そ の 大 ヒ ッ ト に よ り 状 況 が 一 気 に 変 わ っ て い き ま す。も し マ イ ケ ル の ヒ ッ ト 曲 が な か っ た ら、未 だ に 黒 人 音 楽 はMTV で 流 れ て い な か っ た か も し れ な い。そ れ く ら い 人 種 差 別 の 問 題 は 根 深 く、マ イ ケ ル の 功 績 は 大 き か っ た の で す。

　そ し て そ の こ ろ か ら 業 界 的 に も ミ ュ ー ジ ッ ク ビ デ オ に こ だ わ る こ と が ト レ ン ド に な っ て い き ま す。音 楽 を 視 覚 で 楽 し む 流 れ の な か で マ イ ケ ル が 究 極 の 視 覚 的 効 果 と 音 楽 を 融 合 さ せ た 歴 史 的 な プ ロ モ ー シ ョ ン ビ デ オ が『Thriller』で す。

　監 督 だ け で は な く ダ ン サ ー た ち も 超 一 流 ど こ ろ を 起 用 し た た め に 予 算 は ど ん ど ん 膨 ら ん で い き、つ い に は マ イ ケ ル も 自 腹 を 切 っ た と い う 逸 話 も あ り ま す。そ れ だ け 視 覚 的 な 映 像 に 強 い 想 い が あ り、だ か ら こ そ 新 し い 表 現 が 生 ま れ た の だ と 思 い ま す。

社会課題との対峙

　『Billie Jean』も『Thriller』もクインシー・ジョーンズがプロデュースした作品です。これらがMTVで流れたことでクインシーは「白人音楽に勝った」というニュアンスを感じさせる言葉をインタビューでも述べていました。

　しかしマイケルの興味は音楽にあり「白人だ・黒人だ」というより、もっと大きなビジョンで差別について考えていたのだと思います。肌の色の違いによる差別をなくすには、人間を超えたレベルに到達しないと実現できないと考えていたのではないでしょうか。活動するにつれてマイケルの楽曲がより地球規模のメッセージを発するようになっていったのには、そのような背景があったのだと思います。また、この意見の食い違いが、マイケルとクインシーの確執につながったのではないかとも思うのです。

　マイケルは、マイルス・デイヴィスがビル・エヴァンスと組んだように、人種の区別なく白人ミュージシャンともコラボレーションしていきました。例えばTOTOのスティーヴ・ルカサーや、VAN HALENのエドワード・ヴァン・ヘイレンといったギターヒーローたちです。

　人種だけではなくジャンルを超えた豪華なメンバーで出来上がったのが『Beat It』という曲で、クインシーというR&Bの名手のもとでハードロック色の強いサウンドを展開しているのも注目ですが、プロモーションビデオでは本物のギャングを起用し臨場感を演出したそうです。ギャングも取り込む懐の深さは、世の中の差別に対する姿勢の表れといえます。

第 **7** 章

破 壊 と 創 造

　臨場感を演出するためだけではない大きなビジョンに導かれたマイ
ケルの型破りなコラボレーションセンスが炸裂しています。

　そのほかにもポール・マッカートニーや、7thアルバム『**Bad**』で
は映画『Top Gun』のテーマ曲『Top Gun Anthem』で有名なギタリ
ストのスティーヴ・スティーヴンス、日本でも著名なシンガーである
スティーヴィー・ワンダーといったあらゆる垣根を越えたミュージ
シャンたちとコラボしてヒット曲を発表しつづけます。

　そんな彼が人種差別に深く切り込んだ作品があります。それが4th
アルバム『**Dangerous**』に収録されている『**Black or White**』で
す。

黒と白、光と影

『Black or White』には語るべきところがたくさんあります。

　まずこれまでのマイケルが持つR&Bのイメージとは少し違う、爽やかなロックサウンドを鳴らしています。新たなプロデューサーと手を組んだマイケルの、音楽に対する強い探究心の表れがうかがえます。

　また、プロモーションビデオではモーフィングという技術が使われ、さまざまな人種の男女の顔が次々と入れ替わっていきます。「世界中の人たちがひとつになる」というメッセージを印象的なビジュアルで表現しました。

　ここで終わればポップなメッセージソングですが、このプロモーションビデオは曲が終わった後も続きます。「パンサーコーダ」と呼ばれ、アメリカでは抗議が殺到し、カットされたというものです。

　内容は、アメリカの過ちとして人種差別をする集団の名前や差別用語が書かれた車や看板を破壊しながら、マイケルがひたすらソロでダンスをするというものです。**平等と口では言っても、簡単なことでも綺麗なものでもない。**そんな怒りを爆発させています。

　そもそもこの曲ができたのは、白人の妻と生まれたばかりの子どもと一緒に出掛けたときに、すれ違った人から「（赤ん坊の肌は白いけど）あなたの子どもなの？」と言われたことがきっかけという逸話があります。そういう意味で、サウンドだけではなくマイケルの精神面

が色濃く反映されている傑作です。

　彼が多くの人に支持されたのは音楽の素晴らしさはもちろんですが、社会課題に対する真摯な姿勢があったからだと思います。

　1970年代から90年代まで、ここまで多様な人とコラボレーションを重ねたアーティストは、彼のほかにはいないでしょう。

天才の孤独

　マイケルはその後も自然環境破壊や戦争の凄惨さを嘆く『**Earth Song**』など社会に対する規模の大きなメッセージ性を持つ作品を発表していきます。

　その一方で、彼の精神の根底には常に孤独があったのだと思います。彼と共演してきたミュージシャンが口々に語るのは「マイケルは家族のように接してくれた」という言葉です。幼いころに家族から受けた暴力や確執によって、彼は心から家族の愛に飢えていたのではないかと思うのです。

　社会課題というマクロな問題と、過去のトラウマという極めてパーソナルな問題の両極で苛まれていたマイケルという天才の、成功とその裏にある苦悩はどれほど計り知れないものだったのでしょうか。

2 コラボレーションのダイナミズム

業界の対立構造

　破壊的なコラボレーションはアートのみならず、もちろんビジネスでも大きな化学反応を起こします。私自身の実際の体験を通じてコラボレーションに秘められた可能性について解説していきます。

　私がとあるコンサルティングファームに所属していたときのこと、当時私は社内のデジタルチームの立ち上げを行っていました。業界的には後発だったおかげもあってか界隈ではデジタルのリテラシーもある程度浸透していたのですが伝統的なコンサルスタイルを重んじる、いわゆる戦略系のコンサルタントからはかなり批判され、対立したのを覚えています。

　当時のコンサルティング業界といえば、海外ではクリエイティブエージェンシーを次々と買収していた時期で、その流れは日本にもやってくるのではないかとみられていました。そのため国内の大手広告代理店は戦々恐々として、コンサルティング業界に対して反発するような雰囲気がありました。ビジネスメディアによる対立構造の煽りもあり、コンサルティング業界と広告業界はまるで敵同士といったピリついた空気が漂っていました。

　しかし私はコンサルティングとクリエイティブとは本来争うべき敵同士ではなく、手を組むべきだと考えていました。全くそのような（手を組める）雰囲気ではなかったので、「逆にコラボレーションできたら絶対に面白いことになる」と踏んでいたのです。

コラボの作法

　コラボレーションとは、組む人同士の業界や分野が離れていれば離れているほど起こる化学反応は大きくなります。近しい人と組んでも、だいたいの結果は想像できてしまう。だからぐんと離れている人たちが組む方が面白いに決まっています。業界は離れていなくても、立場が離れている場合などもそうです。

　例えば映画作品などで普段は敵同士の人たちが組む展開は、最高にワクワクしてきませんか？　映画『アベンジャーズ』のシリーズはアイアンマンやキャプテン・アメリカといった普通だったら手を組まないヒーロー（と、たまに悪役）たちが共演しています。彼らが集結し、同じ目的に向かって活躍する様子は非常に心が躍ります。私はそのドキドキをビジネスでも起こそうと考えました。

　2017年5月から6月にかけて開催されたコミュニケーションの祭典「アドバタイジングウィーク・アジア2017」。日本では2回目の開催でした。このイベントのパネルディスカッションで、大手広告代理店2社と、私と競合のコンサルティングファームそれぞれの 会社においてデジタル分野を率いる面々と私とでトークセッションを企画したのです。テーマは「デジタル領域（データ戦略）における広告会社とコンサル会社の協業と競争」。

　前述のとおり、広告代理店とコンサルティング業界にはいがみ合っている空気が漂っており、その最中に渦中の企業を集めてトークセッションをやったものだから、会場はピリつくような緊張感に包まれていました。メンバーがメンバーなだけに、聴きに来た人たちはきっと壇上でバトルが起きることを期待していたのだと思います。

　しかし蓋をあけてみればバトルではなくまさにセッション、まるでジャズのインプロビゼーション（即興演奏）のように、全員で同じゴールに向かってトークを展開し、会場は大変な盛り上がりを見せました。ライバル同士でありながらも「明るい未来を作りたい」という想いはメンバー全員同じだったのです。コラボレーションに秘められた可能性の大きさを再認識した出来事でした。

　もちろん私ひとりの力で実現できたわけではなく、色々な人の理解や協力を得て進められました。そうした意味でも誰かと組むことで大きなイノベーションが起きる可能性は高まりますし、何よりも誰かと一緒にひとつの目標・目的に向かって動くことはとても素晴らしい経験でした。

3 社会課題を迎えにいこう

イノベーションに必要な問い

　歴史的な観点から見ると、アーティストは長い間、社会課題に対して力強い声を上げ、変革を促進してきました。音楽・美術、文学などの芸術は時折、社会の鑑となり、不平等や差別、環境破壊などの問題に警鐘を鳴らす手段として活用されてきました。

　アーティストは自身の表現を通じて社会の問題にフォーカスして意識を喚起し、行動を起こすことがあります。歴史を辿ると、そのような事例が存在します。

　19世紀にはベートーヴェンが、交響曲第3番『英雄』をナポレオン・ボナパルトに捧げようとしましたが、ナポレオンが帝政を宣言したことに失望し、音楽を通じて政治的メッセージを伝えたと言われています。

　20世紀にはルイ・アームストロングが、ジャズの普及を通じて人種差別に立ち向かいます。『What a Wonderful World』の歌詞を通じて平和と調和を訴え、人々に希望を与えました。

　1960年代には、ボブ・ディランがベトナム戦争への反戦歌を制作し、公民権運動に声援を送りました。1971年のジョン・レノンの『**Imagine**』は平和への願いを表現し、今なお世界中の人々に影響を与えています。

　本章でフォーカスしたマイケル・ジャクソンは活動の後期、もはやミュージシャンという枠を超え、自然環境や紛争問題といった地球規模の視座を持って作品づくりを行うようになります。1985年の『**We Are the World**』によって世界中の飢餓や貧困に対する意識を高め、多大なチャリティー資金を集めました。

第 **7** 章

破 壊 と 創 造

　前述した『Earth Song』は平和への願いと環境保護に対する彼の感情が爆発した曲です。世界中のリスナーに環境問題について意識を持たせ、平和と他者への共感の大切さを強く訴える音楽の最高傑作といえるでしょう。

　彼がこのような問題意識を持つようになった、その理由や詳細は明らかではありません。ただ彼のように社会に対して問題意識を持つことは、現代のビジネスにおいては欠かせないスタンスといえます。言い換えればこれからの時代、**イノベーションを起こすには社会課題意識がなければなりません。**

　では具体的にどのような社会課題に対して意識を持てばいいのかという疑問も出てきます。例えば気候変動や環境破壊、戦争や人種差別といった諸課題は、一個人が自分ごととして捉えて解決に動くには規模が大きすぎると感じるかもしれません。

　一体、自分が向き合うべき社会課題とは何なのか？
　どうすれば見つけられるのか？

　その答えは決して簡単に見つかるものではありません。しかし見つける方法は存在します。その鍵となるのが**痛み**です。

痛みを感じられる力

　痛みは本来、避けるべき危険や危機を知らせるシグナルです。しかし、ときには大きなエネルギーを生み、行動の源泉にもなりえます。例えばマイケルが起こしたイノベーションの根底にあったものは痛みでした。

「なぜ人種差別などというものがあるのか」
「なぜ戦争によって罪のない人たちの命が奪われ続けるのか」
「なぜ地球が上げる悲鳴に耳を傾けないのか」

　時に当事者ではなくても、彼はえもいわれぬ痛みや悲哀を感じていたはずです。でなければあそこまで強く社会的メッセージを込めた（しかも芸術性も高い）作品を生み出せるはずがありません。そして現代を生きる私たちにとっても、痛みとは社会課題と向き合うための鍵となります。

　これからの時代は**どれだけ他者の痛みを自分ごととして感じとれるか、その力が求められる**ようになるでしょう。その力を鍛え、磨きをかけ、ビジネスに落とし込むことがイノベーションを起こすために必要なのです。そのステップを解説します。

痛みを感じとるステップ

　ここでいう痛みとは物理的なものではなく、精神的に感じるもの、すなわち他者からもたらされる情報によって感じるものと定義します。情報は人でもマスメディアでも本でも音でも光でもなんであってもかまいません。

　まずは「自分が今、社会の何に対して痛みを感じているか」を言語化することから始めます。痛みという言葉が強いのなら、困りごとや不安、不便に思っていることでもいいでしょう。痛みを理解し、「その痛みを和らげるためには何をすればいいのか」とその対処法を探ります。

　次に、情報を収集し、専門知識を習得します。続いて、問題に取り組むための具体的な行動計画を策定し、効果的なソリューションを見つけます。

　また、共感と連帯を育み、他の人々と協力して課題に取り組みます。さらに、影響を持つ人々や組織に声を上げ、変化を促進するための支援を求めます。

　もっとも重要なのは、実際に行動することによって持続的なコミットメントと忍耐力を保つことです。社会課題の解決には時間がかかることがありますが、継続的な取り組みが変革を実現します。

　行動してみると、さまざまなことが見えてくるはずです。想像通りだったことや予期しなかったこと、上手くいかないことや誤解していたこと。その中で自分がどんな価値を提供できたのか、それをリストアップしてみましょう。

アーティスト思考の
ソーシャルイノベーション探求

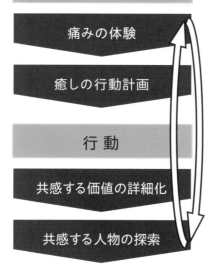

社会課題に対する痛み	
痛みの体験	自分は何に**痛み**を感じるのか
癒しの行動計画	**痛み**を和らげるために 何をすればいいのか
行　動	何を感じ、 どんな価値が提供できたのか
共感する価値の詳細化	その価値に共感する人は どんな人か
共感する人物の探索	（ペルソナを作ってみる）

鏡に映る人

　行動で得られた気付きをまとめたら次は「その価値に共感するのはどんな人か」のペルソナを考えます。国籍・性別・年代・興味関心など、できるだけ細かく要素を洗い出してみてください。そのうえで改めて最初のステップ「自分が何に痛みを感じているか」に戻って同じ流れを繰り返します。そうすることで「痛み」がどんどん具体化されていきます。

　どんな痛みにも、突き詰めると背後には社会課題があります。人間は社会的な生き物であり、極論ですが他者の存在がなければ痛みや哀しみを感じることもないからです。人が織りなす社会が抱える課題こそが、今自分が感じている痛みにつながっている。その痛みの解像度を上げていき鮮明にすることで、自分が向き合うべき社会課題を見つけることができるはずです。

　マイケルは『**Man in the Mirror**』という曲で、「まずは鏡の中の人物から変えていこう（意訳）」と歌いました。マイケルはこの歌を通じて、自己変革と社会的責任の重要性を訴えています。自身の行動を振り返る必要性と、他者への思いやりと共感が社会全体にポジティブな影響を与える可能性を信じ、表現しました。「世界を変えたいのなら、まず自分から変えていこう」という希望に溢れたメッセージです。

　きっとそれが彼がもっとも伝えたかったことであり、この世で一番簡単に起こせるイノベーションの第一歩なのです。

COLUMN 7
アーティストと社会課題への取り組み

社会課題に取り組むアーティストはまだまだたくさんいます。
南アフリカのシンガー、ミリアム・マケバは国際的な舞台で差別に
抗議し、彼女の歌は反アパルトヘイト運動の象徴となりました。

アイルランドのビッグバンド U2 のボーカリストであるボノは、ア
フリカの貧困とエイズ問題への取り組みで有名です。ONE Campaign
などの活動にも携わり、世界的な貧困削減に貢献しています。

日本国内では、SUGIZO氏はトップギタリストとして知られる一方
で、環境問題に熱心に取り組むことで有名です。特に水素エネルギー
の熱心な支持者であり、そのこだわりは、ライブにおけるギターの電
源周りを全て水素エネルギーに換える徹底ぶりです。水素エネルギー
の啓発活動を行い、自らも燃料電池車（FCV）を所有するなど、その
普及を推進しています。
水素は温室効果ガスを排出せず、化石燃料に代わるクリーンなエネ
ルギー源として、気候変動に対処する一環として期待されています。
SUGIZO氏は自身の影響力を活かして環境への配慮を啓蒙していま
す。私も環境系のイベントで一緒に登壇させていただきました。

彼は自身の音楽作品においても社会課題をテーマにしています。環境問題や世界平和、社会的公正をテーマにすることによって、リスナーに社会的責任意識とアクションを促しています。その活動はアーティストとしての影響力を社会的な課題に活かす好例といえます。彼の熱心さは持続可能な未来の実現に向けた重要な一歩であり、社会へ良い影響をもたらしています。

　数々の例からもわかるように、アーティストは表現を通じて社会課題と向き合い、変革を起こす力を持っています。彼らは自身の知名度と影響力を活かし、社会的な問題に光を当て、支持者・理解者を結集し、意識を高めることができるのです。その価値は、歴史的にも認められているといえます。

SUGIZO氏

第 8 章

未来の構想

月に行きましょう。この10年のうちに月面着陸を成し遂げて
みせましょう。
簡単だからではなく、難しいからやるのです。
この目標は人類が持つ最高の熱意と叡智を集結させ、それ
がどれほど大きいものなのかを教えてくれるはずです。
挑戦を先延ばしにすることなく、皆で受けて立ちましょう。
そして成功を勝ち取るのです。
（意訳）

We choose to go to the moon.
We choose to go to the moon in this decade and
do the other things, not because they are easy, but
because they are hard, because that goal will
serve to organize and measure the best of our
energies and skills, because that challenge is one
that we are willing to accept, one we are unwilling
to postpone, and one which we intend to win, and
the others, too.

John F. Kennedy　ジョン・F・ケネディ
Moon Speech at Rice Stadium

1

アーティスト思考×マーケット

マーケティングは毒にも薬にもなる
クリエイティブマーケティング

アーティスト思考を実践してビジネスを構想して展開する中で、一番やってはいけないのがマーケティングの間違った使い方です。言い方を変えると、マーケティングは使い方次第では、イノベーションを阻害し、アーティスト思考を実践することができなくなってしまうということです。

マーケティングといえば、市場分析、テスト分析、ポリティクス、エコノミクス、ソーシャル、テクノロジー、3C、競合の会社、顧客。加えてSWOTで強みや弱みを分析して把握し、ソリューションを導き出す。そして「市場の分析の結果、市場的に有望な層にフォーカスしてターゲティングしましょう」「その中でうちはどんな価値が出せるか」「こうやってポジショニングしましょう」となります。

いわゆるマーケティングミックスですが、これの何がいけないかというと、有利な市場を探す事に集中しすぎて自分の想いが表現されにくくなるのです。つまりデータに頼った分析から導き出されたトレンドを踏まえ、ターゲットとなる市場を狙ったサービスを考えると、極端な話、誰がやっても似たような結果になってしまいます。

マーケティングに頼りすぎたアイデア発想こそが日本でイノベーションが起こらなくなった原因と捉えることもでき、経済成長がストップしてから現在まで、客観的で他人事ともいえるようなビジネスが、はびこっています。これから求められるのはあくまでアーティスト思考の「主観のビジネス」であり、マーケティングに頼りすぎた方

式は絶対にやってはいけません。

　ではどうすればいいのかというと、マーケティングは"主観の発想をサポートするため"に行うのです。

　具体的には、自分の想いを突き詰めたアイデアを発着想した後に、そのアイデアを証明するためのものとしてマーケティングを位置づける。先に持ってくるべきは主観的な強い"想い"です。「何がやりたいか」「何が自分にとって官能的なのか」という自分の感覚を主軸にして、とにかく自分の想いをひたすら繰り返していく。

　新たな事業を構想するときは、何の根拠もなくていいのでやりたいことにこだわり、その発想を固めた後にマーケティングを裏付けとして行う。この繰り返しを私は**クリエイティブマーケティング**と呼びます。アーティスト思考をビジネスに落とし込む技術のひとつです。

クリエイティブマーケティング

想いの探求	自分は何が本当にしたいのか
想いの事業化	自分の想いを実現する事業は何か
共感する価値の詳細化	その事業はどんな価値を提供できるのか
共感する人物の探索	その価値は誰の共感を生み出すのか
マーケティング	

マーケティング

市場分析	PEST分析／3C分析／SWOT分析
セグメンテーション	
ターゲティング	STP分析
ポジショニング	
マーケティングミックス	4P「製品・サービス (Product)」 「価格 (Price)」 「立地・流通・販路 (Place)」 「販促・広告 (Promotion)」
実行と評価	4C「顧客価値 (Customer Value)」 「顧客にとっての経費 (Cost)」 「入手の容易性 (Convenience)」 「コミュニケーション (Communication)」

マーケティングはどんなときに必要？

「あんなにマーケティングを否定しといて、結局はマーケティングを使うのか？」という疑問が湧き上がるかもしれません。しかしマーケティングは、イノベーションを起こすために、ある意味で重要といえます。新しいアイデアやビジネスプランを周囲の人に理解と納得をさせるためにはマーケティングの手法が役に立つからです。

ビジネスの世界でマーケティングの必要性は絶対的といえます。新しいアイデアをマーケティングのフレームワークで 説明することによって社内の稟議が通りやすくなるのです。

また、マーケティングもやはり使い方次第では意味があって、徹底的に分析に使えば新しい発見の種になり得ます。

対象とする顧客を主観的に考えて、その層に刺さるサービスを開始しただけでは、想いが込められていません。サービスのかたちが見えてきたら、なぜ自分がそのサービスに魅力を感じるのかを検証していく。そこには**ストーリー**があるはずです。このストーリーもその後に第三者を説得する時の鍵になってきます。

だからまずは自分の想いを徹底的に突き詰めていき、自分が心から欲するものを明確にする。その後に、それにはどんな顧客がついてきてくれるのか、いわば同志を探す感覚でSWOT、STP分析をするとマーケティングを最大限に活用することになる。ポテンシャルのある市場やセグメントを見つけてきて、その中で勝てるサービスを探すのはある意味で顧客を冒涜しているようにも感じます。ありきたりの分析だと、競合他社と同じようなアイデアが出てくる可能性が高い。

大事なのは、自分が心からやってみたいサービスや心から欲しい商品を自分に素直に棚卸ししていくこと。ここで妥協は許されません。**自分に嘘をつかないことが大前提**です。

2 イノベーションの実装

倍速で変化するビジネスモデル

　これまで見てきたように、**アーティスト思考の主軸は自分の想いに重きを置くこと**です。市場効率や「どんなサービスならヒットするか」を導き出す法則は存在しません。**自分の直感・共感・官能に沿って思考し行動して、自分の想いをビジネス化していく。**そのための最強のフレームワークと技術なのです。

　このことを踏まえ、ビジネスの動向に目を向けてみると、ある変化が見えてきます。

　現在、世界情勢の変化やテクノロジーの進歩は加速度的に早まり、また個人の価値観も秒速で移り変わっていっています。
　それに伴ってあらゆるビジネスも構造からの変化・変革を余儀なくされ、既存のビジネスモデルに破壊的な変化が起こっています。具体的にどのビジネスモデルにおいて、どんな変化が起こっているのかを見ていきましょう。

第**8**章
未 来 の 構 想

1.価値の変化　サブスクリプションモデルの限界

　スマートフォンが 普及してから、サブスクリプション（サブスク）モデルのサービスがあらゆる業界で出てきました。出始めた当初は月額いくらで雑誌購読や音楽視聴が利用し放題といったコンテンツに関連するサービスだったのが、今や自動車の利用やラーメン店、レストランなど、「そんなところも？」という業界にまで広まっています。

　新規ビジネスを発想するときに、収益モデルとしてサブスクを 結びつけるケースが散見されますが、少し立ち止まって考えたほうがいい場合もあります。

　その理由はいくつかあり、まずひとつとしてサブスクはビジネスとして始めやすい分、参入障壁が低いため競合が多く価格競争になりやすいからです。他社が500円で提供すればうちは400円、そうしたら今度は300円のサービスが出てきて……と負のスパイラル。それに加えて、サブスクはユーザーのロイヤリティが 低い。なぜならもうひとつの理由とも重なりますが、結局は所有ではないからです。

　所有を価値としてきた世代の人にとっては、そのモノを実際に手にすることの価値は高いかもしれません。しかし、所有の経験を経ることなく共有から入った世代（サブスクリプションが当たり前にある世代）には、商品そのものの価値は全く違ったものになるはずです。

　サステナブルにサブスクを 考えると、所有の代行としての共有では価値が薄れてしまうのです。

　近年、数百万円する高級腕時計がまた売れ始めているなど、消費行動のモノ消費への揺り戻しが来ています。身近なところではアナログレコードの売上が伸びているようです。アメリカでは2022年のレコードの売上高が10億ドル（約1,300億円）を超えたというデータもあり、人気歌手のテイラー・スウィフトなど、新作のレコード盤を出す歌手も増えています。

これがサブスクモデルを考え直すべきもうひとつの理由です。所有に対する価値観が変わってきているともいえます。「持っていて幸せ」と思ってもらうことが価値になり、今後はこうした消費行動の比重が大きくなっていくでしょう。イタリア発の出版社デアゴスティーニは、特定のテーマについて週刊や隔週刊で段階的に紹介する「パートワーク」のモデルで長年人気を博しています。時間をかけて模型やCD/DVDのコレクションが揃うという、完成品を買うのとは違った所有の魅力をサブスクリプションに組み合わせたモデルといえます。

　また、所有の新しいあり方を提示するようなビジネスモデルも登場してきています。こう聞くと、シェアリングを思い浮かべるかもしれません。しかしシェアリングとも違う、所有とシェアリングのハイブリッドともいえるモデルが出始めているのです。

　NOT A HOTELという会社が展開する「NOT A HOTEL」というサービスがあります。一見すると別荘を販売する不動産事業のようです。しかし詳しく見ると、新しいビジネスモデルであることがわかります。まず、物件を自宅や別荘として購入し、使わない日はホテルとして貸し出すことができます。しかも「所有権」の購入となるため、資産として保有でき、減価償却や相続が可能になるという点も特徴です。さらに物件の管理や貸し借りにはNFTを応用しているといいます。世界的な建築家やクリエイターが手がけるデザイン性と、IoTなどのテクノロジーによる快適性を両立したハイエンドな別荘の所有という、新しい価値観を提供するビジネスモデルといえます。

　家は人生でもっとも大きな買い物といわれますが、その所有のあり方まで変えてしまうサービスが出てきているとなると、世の中のあらゆるものの価値観が良い意味で変わりゆく兆しなのかもしれません。

　参考：デアゴスティーニ公式ホームページ、NOT A HOTEL公式ホームページ

2.圧倒的なプラットフォーマーの台頭　移り変わるメディア

　メディアは情報発信の媒体ですが、マスメディアと呼ばれるテレビや新聞や雑誌だけがメディアであった時代はとっくの昔に終わりました。情報を受発信するという意味では例えばAmazonをはじめとするプラットフォームは、レコメンド機能によって次々と「ユーザーが求める（であろう）情報」を発信してきます。そうなると企業もプラットフォームに広告を出すようになる。

　元々、Amazonはネット書店からスタートしたのに、それが総合的なオンラインストアになり、ついにはメディアとしての役割を持つようになっています。レコメンデーションはビッグデータによってなされており、第3章でも述べたNetflixなど、元々メディアではない企業ほど上手く活用しています。

　日本国内では、トヨタ自動車が「モビリティ・サービス・プラットフォーマー」を表明し、異業種企業との連携をすることでモビリティの新しい魅力や新価値の創造に力を入れています。
　例えばすでに、コネクテッドカー（ICT端末としての機能を有する自動車。コネクティッドカーとも記される）の開発が進んでおり、世界中から集約されるビッグデータを活用した車両管理や、認証機能、安全性の向上など、ユーザビリティ向上や技術の発展に寄与するなど、データ活用をしています。現実空間の情報を収集し、その環境をサイバー空間で再現する「デジタルツイン」の新しいサービスの開発が今後期待されています。

もう一社、パナソニックは「X-Area（クロスエリア）」という、自動走行モビリティの遠隔管制を可能にするモビリティサービスプラットフォームを展開しています。小型低速ロボットや遠隔管制システムなどの技術も活用し、フランスの自動運転分野のスタートアップ企業、EasyMile社など国内外複数の企業と共同で自動運転牽引車両と遠隔操作を用いたプラットフォームを構築・展開しています。

　プラットフォームを巡る動きは民間企業だけではありません。国家・自治体規模の取り組みとしては、内閣府主導の未来都市構想である「スーパーシティ構想」があります。AIやビッグデータなどの先端テクノロジーを活用して行政手続きや医療、教育など幅広い分野で利便性の向上を目指すというものです。また、あらゆる分野でのデータ連携を通じた先端的サービスの実現も構想に含まれており、そうした意味では自治体や企業をまたいだプラットフォームのひとつといえるでしょう。2022年には、つくば市と大阪市がスーパーシティの区域に指定されています。

　テクノロジーの進化によって産業の壁が溶けて、本来はライバルではなかった企業がある日突然ライバルになる。特にメディア業界は参入障壁が高かったはずなのに、思わぬ方面から競合が立ち上がっています。例に挙げたトヨタ自動車やパナソニックのような製造業の会社がプラットフォームを構築するというのは、まさに非連続の時代を象徴する出来事です。
　参考：トヨタ自動車公式ホームページ、パナソニック公式ホームページ、内閣府公式資料

3.新たな世界の創造　メタバースの登場

　テクノロジーと過去の交わりの観点から、近年注目されているメタバースについて解説します。「セカンドライフ」というインターネットサービスをご存じでしょうか。2003年にアメリカからリリースされた、インターネット上の仮想空間です。仮想のキャラクターを操り、その空間の中で生活できるというものです。

　サービスの内容を聞くと「メタバースそのもの」と思うかもしれません。現在のメタバースは大手企業が広告を出す場所として仮想空間を利用したり、実在の街を再現してイベントを行ったりとひとつの大きな産業になりつつありますが、実はほとんどがすでにセカンドライフで実現されていたことなのです。

　通貨（のようなもの）を使って土地を買う、バーチャルで建造物を造るなど、当時から進んでいました。グラフィックも、下手をすると現在の多くのメタバースよりはるかに質の高いものもあります。

　しかし当時は普及に至りませんでした。その理由はいくつか挙げられ、まず当時はコンピュータの性能やネットワークの速度といった技術的なハードルの高さがありました。また、登録方法や実際の操作が複雑で、多くのユーザーにはハードルが高かった点も挙げられます。加えて、リアルタイムのコミュニケーションをしなければならず、利用するのにまとまった時間のコミットメントを必要としたため、忙しい人々には合わない要素もありました。

　さらにプライバシーやセキュリティの問題もあり、虚偽のプロフィールやデジタルストーカーの出現などが懸念されました。最後にセカンドライフは、初期のハイプ（誇大な触れ込み）に追随してしまうだけでなく、新しい機能と価値を提供することに失敗し、言葉のコミュニケーションが主体のソーシャルメディアに取って代わられたのです。

それでも「もうひとつのアイデンティティを 持つ」という概念は素晴らしいものだったと思います。メタバースが同じ轍を踏まないためには改めて過去の失敗に学び、どうすればもっと良いかたちで再現できるのかを考えることが必要です。

　技術やリテラシーは向上しており、かつてよりも高いクオリティで再現するための土台は整っています。メタバースは今が過渡期なのではないかと思います。

　また、メタバースはゲームや映像作品など、エンターテインメントの領域で展開が進んでいるイメージが 強いかもしれませんが、ビジネスで活用されている事例もあります。

　例えば日産自動車は2023年、メタバース上で新車発表・試乗会を開催し、多くの反響を呼びました。ほかにも先述したメタバース空間における広告事業をはじめ、さまざまな企業がメタバースのビジネス活用に参入し始めています。

　しかしビジネス活用で勢いがあるのは、大手企業だけではありません。「cluster(クラスター)」は同名のベンチャー企業が展開しているプラットフォームで、成功事例のひとつといえます。スマートフォンやPC、VR機器などさまざまな環境からバーチャル空間に集ってメタバース上のイベントに参加できるなど、多様なコンテンツを楽しめるプラットフォームを 提供しています。

　もう一社、注目したいのは「リアルメタバース」という先鋭的な考え方を打ち出したSTYLY（スタイリー）です。リアルメタバースとは、現実世界と重なり合うメタバースの空間を意味します。現実の都市や社会にデジタル化された世界を重ね合わせるXR（クロスリアリ

ティ）で、都市や地域に新しい市場を作り出すというものです。XR
は、現実の風景に情報を追加する技術であるAR（拡張現実）とはまた
違い、「VR（仮想現実）」「MR（複合現実）」とARを包括する概念と
されています。渋谷区公認の配信プラットフォーム「バーチャル渋
谷」を展開するプラットフォーマーの一社として選ばれるなど、さま
ざまな企業や自治体との取り組みを拡大させています。

　重要なのは、メタバースはデジタル上の仮想空間であると同時
に、"現実空間に似せただけの空間"ではないことです。
　2024年2月にアメリカで発売が開始されたApple Vision Proは、現
実空間にCGを合成した拡張現実が表示され、目や指の動き、声だけ
で直感的に操作することが可能になっています。目に映るものが現実
であるという時代から、これからはVision Proを通じて再現された世
界を「現実」として捉えることになるでしょう。
　メタバースは、エンターテインメント、ビジネス、コミュニケー
ションなどのあらゆる分野において、未来を変革する可能性を秘めて
いるのです。
　参考:日産自動車公式ホームページ、cluster公式ホームページ、
バーチャル渋谷公式ホームページ、STYLY公式ホームページ、Apple
公式ホームページ

4.仕事や生活を一変させる技術　生成系AI

　人工知能（AI）が人間の能力を超える時点、シンギュラリティ。日本語では「技術的特異点」と訳されます。いつ、その時を迎えることになるのか、世界中の有識者たちが議論しています。2045年というのが大方の意見ですが、もっと早く迎えることになるのではという声も大きく、私も同じ意見です。それほどに昨今のAI技術の進歩は目覚ましいものがあります。

　ここ数年でもっともビジネス界にインパクトを与えた出来事といえば、ChatGPTをはじめとした生成系AIの登場だと思っています。2022年に登場した画像生成AIのMidjourneyを皮切りに、文章や画像、音楽といったクリエイティブの分野においてさまざまなAIが出てきました。中でも先に挙げたChatGPTは非常に使い勝手がよいことで注目され広まっています。

　ChatGPTで応用されている技術は「大規模言語モデル」と呼ばれ、簡単にいえばインターネット上にある情報を自動的に収集し、それを基に学習するというものです。一般に公開されて以降、海外の大手テック企業をはじめ、多くの企業が自社モデルの開発やサービスへの導入に乗り出しました。中でも特筆すべきはMicrosoft社です。自社の検索エンジンにChatGPTと同様のモデルを組み込み、検索市場におけるシェアを伸ばしました。さらに大きいのは2023年12月に提供開始した、生成系AI「Copilot」を搭載したOSです。これによりOfficeアプリや検索エンジン、ブラウザサポートなどで網羅的に生成系AIが機能を発揮できるようになります。私も実際に触れて、便利さに驚くとともに「ついに来た」と感じました。収集するデータの量・質ともに桁違いになり、またひとつシンギュラリティが早まるのではないかと思います。

　生成系AIの話題は、ほとんどが「実用的か否か」もしくは「AIの登

場でなくなる職業はなにか」というものです。シンギュラリティも、AIの普及に警鐘を鳴らす文脈で用いられるケースが少なくありません。しかし本書ではAIとの向き合い方について述べます。正直、生成系AIの是非を問うことにあまり意味はないと思っています。非としたところで技術の進化は止めようがないですし、是としたところで使いこなせなければ意味がありません。

　前向きに捉えれば、生成系AIは特に専門性が高い分野において、重要な役割が期待できます。例えば医療分野では遠隔診断のサポート、医薬品の研究、創薬シミュレーションなどが挙げられます。また教育分野では、学習者の個性に合わせた教材の作成、創造性や問題解決能力を育むなど、革新的な可能性を秘めています。

　「AIはどこまでいっても道具であり、結局は使う側の人間の問題である」というのが私のスタンスです。現にChatGPTなどは使い方に上手い下手があります。もっといえばChatGPTには得意な作業、苦手な作業があります。そのことを知っているかどうかなのです。昨今のAIに関わる議論を見ていると、AIを否定する人は使いこなせていない（もしくは使ったことがない）人で、肯定する人は使いこなしている人であることが多い印象を受けます。

　しかし先に述べたように、否定したところで進化の流れは止められるものではありません。誰もが当たり前にAIを駆使することで音楽や絵画などのクリエイティブが大衆化する世界が近い将来やってくるでしょう。もしかしたら、そのころには「生成系」や「AIが搭載されている」と前置きすることもなくなっているかもしれません。それくらい一般に普及するであろうテクノロジーです。

　だからこそAIを使いこなす才能（AIと上手く向き合える人）の価値が一気に高まってくると考えています。

　参考：Microsoft公式ホームページ

イノベーションのヒントはどこにある

　テクノロジーの世界でも過去にたくさんのヒントを見つけられます。過去を知ることは、未来を創造するためにとても有効です。

　大事なのは、その過去に人を魅了する力があったかどうか。仮にそういう力を秘めているのであれば、その力に新しい要素を掛け合わせることで未来を創造する可能性を秘めています。

　また「未来は新しいものでなければならない」という考えにとらわれていると、過去の「人を魅了する力のあるもの」を見落としてしまいます。前述のメタバースのように、セカンドライフやウルティマオンラインといったサービス自体や概念は、当時は進みすぎていました。

　しかし未来を創造するにおいても、過去に人々を魅了したものが影響を与えることもあるのです。だから未来にはどこか懐かしさを感じることもある。過去には新しい未来を創り出すポテンシャルがあり、未来には過去の魅了された何かが潜んでいることもある。

　つまりイノベーションのヒントは、**新しい過去、懐かしい未来にある**といえるのです。

3 創造に限界を感じるな 自己中3.0のススメ

ジコチューは悪か？

　偉大なアーティストや起業家たちが起こしてきた数々のイノベーションを目の当たりにして「天才だからできたこと」「自分は境遇が違うからできない」、このように考えてしまうことはありませんか？

　ここからは本書の締めくくりとして、**新規ビジネスでイノベーションを起こすために、持つべきマインド**について紹介します。それは私が提唱する**自己中3.0**というものです。

　自己中心的という言葉に、ポジティブなイメージを抱く人は多くないでしょう。しかし、これからの時代は自己中心的になっていかないと新しいものは生み出せません。でも、他人に迷惑をかけるようなものであってもいけない。ではどうすればいいのか。

　その答えが、自己中3.0です。3.0ということは1.0と2.0が存在したわけで、それらがどのような価値観なのかについてまずは説明していきます。

幻想の自由と熱狂　自己中1.0

　日本の景気が最盛期であった1980年代後半から90年代前半、いわゆるバブルの時代。私と同じ世代（1965～1970年ごろの生まれ）がバブルの直撃世代です。あのころを懐かしむと同時に、特殊な時代だったなとつくづく感じますが、当時の価値観こそが**自己中1.0**です。

　バブルを象徴するものといえばディスコや合コン、シャンパンに高級ブランド品と、華やかなイメージのものばかり。会社の経費で飲みに行き、就職も売り手市場。誰もが自由と熱狂を謳歌して（いるような気になっていた）時代でした。そんな時代も文字通りに泡となって終わりを告げたわけですが、振り返ると自由とは程遠かったことがわかります。就職人気企業ランキング上位は常に有名な大企業、モテる男の条件は今や死語の「3高（高学歴・高身長・高収入）」、女性へのプレゼントもお決まりのブランド。これら全て女性にモテるためのものです。あと男の大事なステータスといえば「どのディスコに入れるか」。入り口に立つガードマンとハイタッチしようものなら階級は上位です（当時の様子を私は「律令ディスコ」と呼んでいます。信じられないかもしれませんが、それくらい厳格なルールと格差が存在しました）。

　こうした価値観の裏にあるのは情報源の乏しさです。当時の男子の情報源といえば『ポパイ』（マガジンハウス）や『ホットドッグ・プレス』（講談社、現在は配信のみ）などの雑誌で、イタリアンが特集されればイタメシ（イタリア料理）屋に行く。デザートといえばティラミスを注文する。メディアが限られ、誰もが同じ情報源を頼りにデートやファッションを決め込んでいたものだから、個人の「あれがやりたい」なんて微塵もありませんでした。全てが大衆の価値基準にならい、誰もが「自分がやりたいことをやっている」と思い込んでいた時代の価値観、これが自己中1.0です。

承認欲求というモンスター　自己中2.0

　スマホが普及し、FacebookやTwitter（現X）、Instagramといった
ソーシャルメディアが一般的になってきた2014〜2015年以降の価値
観が**自己中2.0**です。

　動画配信のYouTubeやTikTok、記事配信のnoteといったように、
SNSもさまざまなタイプのものが出てきました。スマホひとつあれば
世界中と繋がれるようになり、ある日突然スターが生まれて（同じだ
け消えていき）、誰もが夢を抱いてSNS界隈が沸きに沸いた時代です。

　自己中2.0はすなわち「民主化した承認欲求」の時代を象徴してい
る価値観といえます。アメリカの心理学者マズローが提唱した人間の
欲求5段階（解釈によっては6段階）のうち、生理的欲求・安全欲求・社
会的欲求に次ぐのが承認欲求です。これがSNSによって誰でも簡単に
手に入れるようになった時代といえます。
　発信が簡単にできるようになり、一見すると誰もが承認欲求を満た
すことができる素晴らしい自由を享受した時代のようですが、実は自
由には程遠いことがわかります。

　発言や配信の内容は"いいね"の数を稼げる（＝"いいね"の数に合わせ
る）ことで承認度合いの基準になります。承認度合いを上げるために
"いいね"を稼ぐ。そのためには、気に入らないことがあれば匿名で他
人をディスり、時には炎上させるという行動が正当化されてしまいま
す。結果、誰でも評論家気取り（でも自分は傷つきたくない）。

これだけでも十分に病んでいるといえますが、さらには実体（リアル）とバーチャルの格差も広がっていきます。加工技術が進み、写真の中では全くの別人になりきれる。実際にリアルで顔を合わせなくても仕事が成り立つ時代がきており「バーチャルのほうがリアル」という人もすでに登場してきています。

　つまり“いいね”の数が実体と同じ次元になってきており、いつまでもバーチャルは実体ではないと思い込んでインターネットを利用すると大変危険なのです。
　この次世代のバーチャルの民主化を前にして、暴走した承認欲求こそが自己中2.0の正体です。

自分の「好き」を知り、乗りこなせ　自己中3.0

　自己中1.0も2.0も、正確にいえば自己中ではありませんでした。自己中のようなものであって、「自分は好き勝手にやっている」と思い込んでいたのです。本来の自己中心性とは、自分以外の視点を正確に想定・理解することができない状態です。自分と異なる価値観があることを理解できずに自己の利益や主張を優先してしまう。そうすることで異なる価値観から受ける影響を最小限に抑えて、自己の利益や主張を明確にして推進していくというスタンスです。

　時に自己中心的な態度は、他者の意見や感情を軽視していると捉えられてしまい、周囲から否定的な印象をもたれやすく、共感や協力を得るのが難しくなることは事実です。実際に本書で取り上げてきたアーティストたちの多くは、このスタンスをとっていたと思います。しかし本来、自己中心性とは芸術表現の本質に起因します。つまり自己中心性によってアーティストはアイデンティティを確立し、独自の表現ができるのです。中には奇人・変人・偏屈という評伝があるアーティストもいますが、自己の表現欲求や興味・関心、そして感性に純粋だっただけなのです。

　同様に、私たちも直感・共感・官能の感性に従って自己中心的に行動すべきですし、できるはずです。ビジネスにおける感性の重要性は、革新的なビジネスモデルの開発による競争優位性の獲得や競合との差別化だけではなく、顧客や社内外のステークホルダーと独自の結びつきを醸成するなど、計り知れないものがあります。変化の激しいビジネス環境を戦い抜くための重要な手段といえます。

　自分以外の視点をできるだけ排除し、自己の利益や主張を明確にすること。それが**自己中3.0**であり、これからの時代に求められるビジネス発想の出発点です。

月に行くためのマインドセット

　最後にもうひとつ、自己中心性を持つことの重要性と偉大さについて述べていきます。

　アメリカの第35代大統領ジョン・F・ケネディはアポロ計画を発表するなかで、1960年代のうちに月に人類を着陸させ、無事に帰還させることを宣言しました。やがて宣言通りに1969年にアポロ11号が月面に到着します。

　このエピソードになぞらえて、壮大な計画や目標を掲げ、実現に向けて動くことをMoonshot（ムーンショット）と呼んでいます。

　この言葉は技術や知識の枠を超えたビッグ・アイデアや野心的で革新的な目標を追求する際の表現として、幅広く使われるようになりました。リスクを冒しても達成困難な成果へ挑戦する姿勢や未知への探求心、社会的課題の解決や革新技術の開発に際してよく使われます。人類の進歩と未来への希望や期待、もしくは困難に立ち向かう勇気、前例のない成果を達成する意志と創造力を象徴する言葉といえます。

　他人の目を気にせず、大きな目標を持つ。相対的ではなく、絶対的な夢を持つ。そしてそれに邁進する。ケネディ大統領のいわば執念ともいえるアポロ計画こそ自己中3.0の世界といえます。ムーンショットとは、アートとビジネスの両方において、新たな発想を切り拓き、革新的な目標設定と未来への挑戦を促すのに必要なアプローチであり、大きなビジョンを未来に持たせる重要なマインドセットなのです。

第 **8** 章
未 来 の 構 想

　PROLOGUEで述べたように、本書は私が提唱するアーティスト思考なるものを身に付けるための本ではなく、あなた自身のビジネス思考法を見つけるためのきっかけにすぎません。

　知っていただきたいのは、どんなに壮大な計画や歴史的な偉業も、始まりは小さなきっかけだったということです。ピタゴラスが音の法則を発見したのも、レオナール・フジタが奇跡の乳白色にたどり着いたのも、マイルス・デイヴィスが次々と常識と呼ばれるものを壊してきたのも、マイケル・ジャクソンが普通なら考えもつかないコラボレーションを繰り返してきたのも、全て「これをやってみたい」「あれをやったらどうなるんだろう」という小さな好奇心がきっかけだったのだと思います。

　そしてもうひとつ。夢を実現するためには、こつこつと挑戦を積み重ねていくしかありません。その過程では失敗や行き詰まること、逃げ出したくなることもあると思います。そんなときは、アートの偉人たちが起こしてきたイノベーションを 思い出してみてください。きっと目の前の困難を乗り越えるヒントが見つかるはずです。

　そのようにして自分だけのイノベーションを起こせたら、いつか私に話を聞かせてください。きっとそこからまた、ミュージシャン同士のセッションのように新しい何かが生まれるかもしれません。

　私たちはその可能性を持っているのです。

EPILOGUE
自己肯定感と音楽

　日本の現状に対する危機感や問題点として、経済的な困難や緩慢な変革、働き方改革の停滞、女性管理職の増加の遅れなど、多くの課題が挙げられ、日本が他のアジア諸国と比べて孤立しているという指摘もしばしばあります。

　その原因としては、リスクを恐れて過去の成功に安住し、変革を避けてしまうなど、企業の競争力の減退が挙げられます。特にビジネスにおける日本人のリスク回避傾向と、その結果として新しいアイデアとチャレンジが生まれてこない現状は、憂えずにはいられません。その根底には日本人の自己肯定感の低さがあります。

　自己肯定感が低くては、新しいチャレンジやイノベーションを進めることはできません。自己肯定感を強化するためには、まず自己認識のプロセスに積極的に取り組むことです。そのために自己理解を深め、自身の強みや価値観を明確に把握することが大切です。

　コミュニケーションも自己肯定感を高める手段のひとつです。他者との対話や協力を通じて自分の意見や価値を認められる経験を積むことで、自信は深まっていきます。また、達成感のある目標設定と達成に向けた努力が、自己肯定感を高める助けになります。挑戦的な目標を少しずつ達成していくことで、自分を信じることができるようになるのです。

　さらに、ポジティブな自己評価と自分自身への愛情も不可欠です。過去の過ちや失敗にとらわれず、未来を前向きに捉える姿勢が重要です。自分を受け入れ、肯定的な言葉や思考を意識して日々取り入れましょう。逆に自分を否定的に評価する自己批判から解放されるよう努力し、自分自身に対する寛容さを持つことです。

芸術や表現を通じて自己を違う視点で見直すのもよいでしょう。特に音楽は自己肯定感の向上をあらゆる面で支えてくれる力強いパートナーといえます。

　まず、音楽は自己表現の手段になります。楽曲演奏や歌唱を通じて自分の感情や想いを表現することが、自分のアイデンティティの強調と、他者への共有・共感へとつながります。自己肯定感を高めることになるのです。

　また、音楽を学び、練習する過程は達成感をもたらし自己評価を高めてくれます。新しい楽曲を習得し、演奏や歌唱の技術を身に付け、向上させていく過程は、挑戦と達成を積み重ねる絶好の機会といえます。

　さらに、楽曲制作は創造性を育むプロセスそのものです。自分自身を創造的に表現することは、自己への理解と他者への共感を同時に深めてくれます。

　もちろん音楽はプレイするだけではなく、鑑賞することによっても自己肯定感を高めてくれます。好きな音楽、心地よいメロディに耳を傾けることはリラクゼーションの促進やストレスを軽減してくれ、音楽で表現される情景や感情への共感、他者への理解を引き起こします。

　このように音楽は、自己表現・成長・感情の共有・創造性・心身の解放などをもたらし、心を豊かにしてくれ、自信を育んでくれるものです。

ぜひとも、たくさんの音楽に触れて、感じてほしい。

　本書を読むことで、音楽や美術を通した新たな感動体験とビジネスのインスピレーションが得られたら幸いです。アーティスト思考がこれからのビジネスでどのような役割を果たすのかについて考えることはきっとプラスになるはずです。そして手にしてくれたあなたのビジネス環境に、前向きなイノベーションをもたらすためのきっかけとなれば、この上ない喜びです。

　最後になりますが、本書の執筆にあたりまして企画段階からお世話になった事業構想大学院大学、本書全体の構成や方向性を的確に導き最後まで寄り添ってくれた細田知美さん、そしてたくさんのアイデアをくれた青山学院大学と事業構想大学院大学のエリックゼミ生には、この場をかりてお礼を申し上げます。

本書のために特別なプレイリストを Apple Music で作ったので公開します。
直接言及をしていない曲もありますが、対応するページと併せて聴いていただくことで、
理解が深まるはずです。
※表記は必ずしも一致しません。

松永 エリック・匡史 （まつなが えりっく・まさのぶ）

事業構想大学院大学 特任教授／
青山学院大学 地球社会共生学部 学部長 教授 ／
ビジネスコンサルタント ／ 音楽家

1967年、東京生まれ。青山学院大学大学院国際政治経済学研究科修士課程修了。幼少期を南米（ドミニカ共和国）やニューヨークなどで過ごし、15歳からプロミュージシャンとして活動、国立音楽大学でクラシック音楽、米国バークリー音楽院でJazzを学ぶ。システムエンジニアを経て、コンサル業界に転身。アクセンチュア、野村総合研究所、日本IBMを経て、デロイト トーマツ コンサルティングにてメディアセクターAPAC統括パートナーに就任。その後PwCコンサルティングにてデジタルサービス日本統括パートナーに就任しデジタル事業を立ち上げ、エクスペリエンスセンターを設立し初代センター長を務めた。2018年よりONE NATION Digital & Mediaを立ち上げ、現在も大手企業を中心にデジタル変革（DX）のコンサルを行う。2019年、青山学院大学 地球社会共生学部（国際ビジネス・国際経営学）教授に就任、アーティスト思考を提唱。学生と社会人の共感と創造の場「エリックゼミ」において社会課題の解決に挑む。2023年より地球社会共生学部 学部長。事業構想大学院大学 特任教授。学校法人聖ステパノ学園理事。

NewsPicks「THE UPDATE」「OFFRECO.」「New Session」などの番組に多数出演。ForbesJAPANオフィシャルコラムニスト。

著書に『外資系トップコンサルタントが教える英文履歴書完全マニュアル』（ナツメ社）、監修に『CD付き 実例でわかる! 英語面接完全マニュアル』（ナツメ社）がある。

装丁・本文デザイン ………… 西垂水敦・内田裕乃 (krran)
ＤＴＰ ……………………… ニューキャスト (DOT3)

直感・共感・官能のアーティスト思考

2024年 4月 1日　初版第一刷発行

著　　　者　　松永 エリック・匡史
発 行 者　　東英弥
発　　　行　　学校法人先端教育機構 事業構想大学院大学出版部
　　　　　　　〒107-8418　東京都港区南青山3-13-18
　　　　　　　編集部 ☎03-3478-8402　販売部 ☎03-6273-8500
　　　　　　　https://www.projectdesign.jp/
発　　　売　　学校法人先端教育機構
印刷・製本　　株式会社光邦

ISBN 978-4-910255-09-5